RUDOLF STEINER

Alimentation
et
développement
spirituel

RUDOLF STEINER

Alimentation et développement spirituel

8 conférences faites dans différentes villes en 1905, 1909 et 1923.

4e édition

Éditions Anthroposophiques Romandes
Rue de Neuchâtel 16, 1400 Yverdon-les-Bains/Suisse
2017

Traduction faite d'après les textes originaux parus dans
la bibliographie des œuvres complètes de
Rudolf Steiner :

in GA 93a, Berlin, 4 novembre 1905
in GA 68, Munich, 8 janvier 1909
in GA 230, Dornach, 9 et 10 novembre 1923
Traduit par G. Ducommun.

in GA 145, La Haye, 20 et 21 mars 1913
Traduit par S. Hannedouche.

in GA 348, Dornach, 8 et 13 janvier 1923
Traduit par B. et A. Steiner.

in GA 312, Dornach, 30 mars 1920
Traduit par M.-E. et V. Bott.

Imprimerie NOVOPRINT, Barcelone, Espagne

ISBN 978-2-88189-119-9

TABLE DES MATIÈRES

AVIS AU LECTEUR

Au sujet de ces publications privées, Rudolf Steiner s'exprime de la manière suivante dans son autobiographie « Mein Lebensgang » (chapitres 35 et 36, mars 1925) :

« Le contenu de ces publications était destiné à la communication orale, non à l'impression (...).

Nulle part il n'est rien dit qui ne soit uniquement le résultat de l'anthroposophie, qui est en train de s'édifier. (...) Le lecteur de ces publications privées peut pleinement les considérer comme une expression de l'anthroposophie... C'est pourquoi on a pu sans scrupule déroger à l'usage établi qui consistait à réserver ces textes aux membres. Il faudra seulement s'accommoder du fait que dans ces sténogrammes, que je n'ai pas revus, il se trouve des erreurs.

On ne reconnaît la capacité de juger le contenu d'une telle publication privée qu'à celui qui remplit les conditions préalables à un tel jugement. Pour la plupart de ces publications figurent au moins parmi ces conditions la connaissance de l'enseignement anthroposophique sur l'homme et le cosmos et celle de l'histoire selon l'anthroposophie, telle qu'elle découle des communications provenant du monde de l'esprit.»

PRÉFACE

L'alimentation, la diététique, sont aujourd'hui l'un des sujets les plus abordés. La qualité des aliments, les préoccupations écologiques, le souci de la santé, l'obésité de plus en plus répandue, font de ce sujet l'un de ceux sur lesquels on s'exprime le plus volontiers. C'est aussi l'un de ceux sur lesquels on observe le plus grand nombre d'opinions diverses et contradictoires. Ceux qui font profession d'enseigner la diététique ont tendance à définir un certain nombre de régimes qu'ils recommandent dans les divers cas. Ceux qui ont découvert personnellement un régime donné ou un système de pensée ayant des applications à la diététique, et qui s'en trouvent bien, sont portés à recommander ce régime à tous ceux qu'ils rencontrent, pensant que ce qui est bon pour eux doit être bon pour tous. Deux données principales dominent les préoccupations diététiques : le nombre de calories global (on mesure encore en calories bien qu'on ait remplacé cette unité par le joule), et la répartition en lipides, glucides, protides, sels minéraux et vitamines, la notion de besoin alimentaire journalier en tel ou tel composant n'étant pas toujours elle-même très précise.

Dans ce domaine d'importance pratique évidente, on est porté à se tourner vers l'anthroposophie et ce qu'elle peut avoir à dire. On découvre alors qu'il n'existe pas de cours de Rudolf Steiner sur l'alimentation, comme il en existe pour l'agriculture, la médecine, la pédagogie, etc. Il y a cependant des indications un peu éparses ça et là dans la totalité de son œuvre. Le présent ouvrage regroupe une partie de ce qui a été dit oralement sur ce sujet par Rudolf Steiner.

La première remarque à faire est celle-ci. En général un cycle de conférences de Rudolf Steiner forme un tout. On trouve plusieurs fois exprimée par lui la remarque selon laquelle il ne faut pas juger d'une indication isolée sans la replacer dans la conférence dont elle est tirée, et même d'une conférence isolée, sans tenir compte de l'ensemble du cycle dont elle fait partie. En effet l'anthroposophie est très vaste, tout se tient, mais on ne peut exposer tout à la fois : on ne peut qu'exposer les choses une par une, puis ensuite les regrouper pour que surgisse une vue d'ensemble qui soit juste. Il faudrait donc, pour pouvoir juger de chaque indication donnée ici, replacer chaque conférence dans le cycle dont elle est issue avant de porter un jugement d'ensemble. On peut aussi considérer l'ensemble de ce recueil lui-même comme un cycle, un cycle qui n'a jamais été donné tel quel, et voir que les indications qu'il contient s'équilibrent et s'ajustent l'une par l'autre ; la remarque faite pour les cycles en général est donc encore plus vraie pour ce « cycle ».

Une deuxième remarque découle de la première. Dans le recueil ainsi présenté, apparaît une grande différence de dates. Les conférences se répartissent entre 1905 et 1923. En dix-huit ans, la pensée de Rudolf Steiner ne se renie pas, mais son expression est différente, et surtout une évolution a eu lieu. La façon de présenter les choses n'est pas du tout la même à la fin de sa vie qu'en 1905. On devra en tenir compte. Quatre conférences sur les huit datent de 1923 : il y a donc là une prépondérance de cette période de la fin de la vie de Rudolf Steiner, au cours de laquelle beaucoup de détails sont donnés qui ne pouvaient pas l'être auparavant, parce que la réceptivité de son auditoire ne s'y prêtait pas.

La première conférence, une conférence publique, traite explicitement le problème de l'alimentation en tant que tel, du point de vue de l'anthroposophie. On y trouvera d'emblée cette remarque sur laquelle Rudolf Steiner insiste : dans ce domaine qui plus que d'autres suscite discussions et polémiques, il n'est pas question d'entrer dans une quelconque controverse. Ici, comme dans beaucoup d'autres domaines, l'anthroposophie dit ce qu'elle a à dire et ne prend pas parti. C'est donc l'un des enseignements majeurs à tirer de cet ensemble sur l'alimentation : dans ce domaine on ne peut rien imposer comme recommandation, comme conseil, encore moins comme régime. Le domaine de ce qui est bon pour quelqu'un, du point de vue alimentaire, relève de sa décision personnelle. Cette affirmation sera développée plus au long dans la suite des conférences de ce recueil et elle constitue l'une des originalités de ce que l'anthroposophie a à dire sur l'alimentation. Le choix des aliments relève d'une décision personnelle, c'est un domaine où doit s'exercer la liberté. Celui qui lirait ce recueil à la recherche de l'alimentation « idéale », est donc renvoyé à lui-même. Il aura par contre une information détaillée sur ce que produisent en l'homme les différents aliments : seront ainsi abordés la question du régime végétarien, de la viande, des graisses, de l'albumine, les effets du vin et de l'alcool, du lait, du miel, du sucre, du pain, des végétaux, des racines, des légumineuses, du café, du thé, du chocolat, du cru et du cuit. Toutes ces questions seront abordées par la science spirituelle du point de vue qui est le sien, c'est-à-dire en replaçant l'homme à sa place dans la nature, mais aussi hors de la nature, puisqu'en l'homme s'accomplissent des processus qui ne sont pas purement terrestres.

La deuxième conférence, tirée du cycle *Éléments de base de l'ésotérique* traite le point de vue historique. Tirée de son contexte, cette conférence peut poser problème à qui ne connaît pas l'évolution de la terre et de l'homme telle qu'elle est décrite dans les autres ouvrages anthroposophiques. Une explication s'impose à propos des termes de *races* et *sous-races* qui sont employés. En français le terme de sous-races pourrait en effet prêter à confusion. On récuse aujourd'hui le terme de *race,* arguant que les données actuelles ne permettent pas de trouver un fondement objectif à cette division en races. D'une part le texte publié ici date de 1905, à une époque où ce terme de race n'avait pas cette connotation un peu péjorative qu'il a prise aujourd'hui. Et d'autre part si l'on comprend bien de quoi il s'agit, on n'a aucune difficulté à continuer d'employer ce terme. Il désigne en effet des groupes d'hommes de périodes historiques très éloignées les unes des autres. Ainsi ce qui est décrit comme la cinquième race, la nôtre, recouvre une période qui s'étend sur quinze mille ans, les sous-races désignant à l'intérieur de cette durée, des subdivisions en périodes de 2160 ans chacune. Si les mots *races* et *sous-races* sont tout de même employés pour désigner l'humanité présente au cours de ces subdivisions du temps, c'est simplement parce qu'il est raisonnable d'admettre qu'au cours de périodes si longues une évolution se fait dans l'espèce humaine, si bien que l'on peut dire qu'il y a une différence réelle jusque dans la confirmation physique entre deux individus ayant vécu à des époques séparées par une période de 2000 ans, dans le cas des sous-races, différence nettement plus marquée lorsque la période est de 15000 ans, dans le cas des races.

Les deux conférences suivantes, de 1913, sont extraites du cycle : *Du développement occulte de l'homme.* Ce sont les deux premières conférences de ce cycle. Elles envisagent la question de la nourriture d'un point de vue particulier : du point de vue de celui qui s'efforce de pratiquer un cheminement spirituel. De ce point de vue-là, donc, on a des indications sur les effets de la consommation de viande, d'alcool, sur le café, le thé, le chocolat et le rôle du sucre. C'est là qu'on trouvera cette indication sur l'effet que l'on peut percevoir au réveil, provenant de la nourriture que l'on a mangée la veille, et comment c'est cette perception intime personnelle qui doit servir de guide pour choisir ce que l'on mange.

Les deux conférences suivantes (5e et 6e) sont extraites du cycle intitulé *L'homme dans ses rapports avec les animaux et les esprits des éléments.* Avec ces deux conférences culmine ce que la science de l'esprit a à dire au sujet de l'alimentation. L'alimentation est remise à sa juste place, c'est-à-dire une place considérable, dans ce qui constitue l'homme. Bien loin d'être un problème mineur, ce problème de l'alimentation se situe au contraire à la base, car il est à la base du métabolisme, lequel est repris par la circulation, puis par les fonctions spirituelles supérieures. Ici le point de vue restreint du développement spirituel de l'homme n'est pas seul envisagé, comme dans les deux conférences précédentes. Le devenir de la nourriture dans l'organisme humain intéresse tout homme, qu'il ait choisi ou non d'entreprendre un développement spirituel. On situera ainsi, à partir de l'alimentation prise comme point de départ, le rôle de la maladie et de la guérison, puis de la pédagogie et de tout progrès spirituel en l'homme.

On pourrait dire d'une telle perspective qu'elle fait oublier la préoccupation très restreinte des « besoins alimentaires » et de la répartition des aliments en sucres, graisses et protéines. Cette conception actuelle repose au fond sur l'idée trop simple que ce qui est à l'extérieur de l'homme se retrouve à l'intérieur et que les processus chimiques sont les mêmes dans l'organisme humain et en dehors. Si l'on parvient à dépasser cette idée simple on peut poursuivre le devenir de la matière organique à l'intérieur de l'homme, et l'on posera du même coup d'une toute autre façon les problèmes habituels de diététique et de ration alimentaire.

Les deux dernières conférences, également de 1923, ont été données, à leur demande, aux ouvriers du Goetheanum ; elles sont extraites du cycle *Santé et maladie* au sujet duquel Marie Steiner fait remarquer qu'il s'agit plus de dialogues que de conférences. Rudolf Steiner répondait directement aux questions posées par l'auditoire. Les préoccupations pratiques touchant la nourriture ont donc été abordées, et nous disposons ainsi de réponses très proches des questions telles qu'on les pose d'ordinaire. On a donc d'importants développements sur le vin, sur le tabac et sur la question de la viande.

C'est dans cette dernière conférence que se trouve un passage qui décrit ce qui peut arriver si l'on donne à manger de la viande à une vache, si elle cesse d'être herbivore. Rudolf Steiner explique ce qui se passe en ce cas et conclut ainsi : la vache devient folle. On sait qu'il est apparu récemment une maladie qui a sévi surtout en Angleterre, et que l'on appelle justement la maladie de la vache folle (ce nom a été donné spontanément par les éleveurs de bétail ; les vétérinaires ont ensuite adopté le terme d'encéphalopathie spongiforme bovine). Les nombreuses études faites sur ce sujet ont mis en évidence comme facteur déterminant le fait que ces ruminants avaient été nourris avec une alimentation partiellement d'origine animale, et l'hypothèse a été émise que cette nourriture était contaminée par un agent particulier, inconnu jusque là. Sans entrer dans le détail de l'origine réelle de la maladie, on ne peut que constater que la mesure décisive suivante a été prise : cesser de donner comme nourriture à ces troupeaux cette farine contenant des extraits animaux. La décision prise va dans le bon sens. On a là, sur une grande échelle, une sorte de confirmation a posteriori de ce qui était affirmé, en quelque sorte prophétiquement par Rudolf Steiner, en 1923.

En annexe, on trouvera un extrait d'une conférence s'adressant à des médecins, tirée du cycle *Médecine et science spirituelle* où la question du régime végétarien est à nouveau traitée et plus développée, et où est abordée également la question du cru et du cuit.

Une dernière remarque doit être faite au sujet du terme albumine. Rudolf Steiner dit « le blanc d'œuf ou albumine » suivant l'usage de cette époque. On disait aussi « les albumines » pour désigner ce que l'on appelle aujourd'hui les protides. La formule chimique précise des différentes protéines n'intervient donc pas dans ce qui est dit ici des albumines en général, par contre Rudolf Steiner fait une distinction très nette entre le blanc d'œuf et la viande, distinction qui se perd lorsqu'on utilise l'expression protide ou protéine.

J. Hériard Dubreuil

La conférence suivante fait partie de :
GA 68 (non traduit)

ALIMENTATION CONSIDÉRÉE DU POINT DE VUE DE LA SCIENCE SPIRITUELLE

Munich, le 8 janvier 1909

Nous avons entendu ici des conférences traitant de sujets les plus variés de la vie spirituelle. Qu'il me soit permis de parler aujourd'hui du point de vue spirituel d'un sujet plus terre-à-terre. Sans doute les questions relatives à l'alimentation constituent-elles un sujet nettement plus prosaïque que nombre d'autres thèmes traités ici. Or nous allons voir qu'à notre époque la science de l'esprit peut parfaitement apporter sa contribution à la solution de problèmes aussi directement liés à la vie quotidienne. Certains esprits critiques qui abordent pour ainsi dire du dehors la science spirituelle lui reprochent de trop s'égarer dans les sphères de l'esprit et d'ignorer le sol ferme sur lequel nous devons prendre appui. On peut encore entendre un autre écho qui émane de ceux qui ne connaissent l'anthroposophie qu'au travers d'une brochure ou d'une seule conférence. Cet autre reproche dit à peu près que les anthroposophes parlent beaucoup trop et sont bien trop préoccupés par les questions : que doivent-ils manger ? Que doivent-ils boire ? Ces esprits critiques sont souvent des idéalistes, et c'est en cette qualité qu'ils formulent tel reproche. Ils se placent à un point de vue qu'ils croient supérieur, d'où ils tournent leur regard vers les petitesses de la vie prosaïque et affirment : ce que l'homme mange et boit est absolument secondaire et sans importance. Peu importe ce que l'on mange et ce que l'on boit ; l'important est que grâce à la force de son esprit on puisse s'élever au-dessus de la matière. Cette objection pourrait être faite à l'anthroposophie par des idéalistes tout à fait bien intentionnés.

À une époque où cette question est également abordée à partir d'autres points de vue, il peut être intéressant d'entendre ce que, pour sa part, la science spirituelle est en mesure de dire à ce propos. Un philosophe allemand a émis l'idée suivante : l'homme est ce qu'il mange. D'éminents penseurs ont approuvé cette remarque de Feuerbach [1], d'après lequel ce que l'homme produit ne serait que le résultat des aliments consommés, de ce qu'il absorbe matériellement, de ce qu'il élabore lors de la digestion. On peut même imaginer quelqu'un qui dirait : « étant donné qu'il est tellement question de manger, je pense que l'homme est ce qu'il mange ». Voilà donc un sujet qui peut nous conduire à de riches développements.

Nous devons nous mettre entièrement d'accord sur le sens à donner à la présente conférence, sur l'état d'esprit qui préside à notre exposé. À défaut de nous entendre sur ce point, nous risquerions de succomber à des malentendus. Il ne s'agit pas de soulever aujourd'hui une quelconque agitation et de suggérer des réformes. L'investigateur de science spirituelle a pour mission de dire ce qui est vrai et comment les choses se présentent dans la réalité. Le point de vue à partir duquel l'investigateur parle ne doit en aucun cas être polémique. Il fait confiance à l'individu qui connaît la vérité, pour que celui-ci, grâce à la force qui se dégage de cette vérité, entreprenne ce qui est juste. C'est pourquoi cette conférence se veut hors de toute polémique de quelque sorte que ce soit. Toute personne qui pense qu'il est question ici du pour ou du contre à propos d'une méthode alimentaire donnée saisirait mal notre intention. Il sera simplement dit ici comment les choses se présentent en réalité. Moins vous aurez l'impression qu'il s'agit ici d'un débat pour ou contre quelque chose, et mieux nous réussirons à nous entendre. Ceci dit, nous pouvons maintenant, du point de vue de la science spirituelle, nous poser la question suivante : l'affirmation selon laquelle l'homme serait ce qu'il mange, n'aurait-elle pas une certaine justification ? Nous devons toujours nous rappeler que le corps humain est un instrument de l'esprit. Dans tout ce que nous avons à évoquer au sujet des différentes activités que le corps doit assurer, nous pouvons nous reporter à l'image selon laquelle l'homme a besoin de son corps en tant qu'instrument physique. De même qu'un instrument ne sert à rien s'il n'est pas agencé correctement, le corps ne rend aucun service à notre organisme s'il n'est pas agencé correctement lui aussi. L'instrument est inutilisable s'il ne fonctionne pas bien. L'homme actif est alors privé de toute liberté dans ses desseins. C'est dans cette optique que la science spirituelle considère notre organisme. Nous devons nous demander si nous ne risquons pas, par une alimentation inadéquate, de rendre notre organisme inapte à exécuter nos intentions, les impulsions de notre vie. N'est-ce pas pour cette raison que nous perdons notre liberté et tombons dans la dépendance de notre corps ? Existe-t-il une possibilité de former ce corps de telle sorte qu'il devienne un instrument de plus en plus apte à être au service des impulsions de notre vie spirituelle, et n'est-ce pas alors par un détour, celui d'une alimentation juste, que nous accéderions précisément à la liberté et que nous réaliserions notre indépendance d'avec notre corps ? Que devons-nous manger pour ne pas être ce que nous mangeons ? À cet égard nous défendons un autre point de vue. Vous savez tous – et j'évoque là un fait très général – que vu sous un angle purement matérialiste, ce que l'organisme a construit, l'homme ne cesse de le consommer et qu'il doit donc veiller à un nouvel apport de nourriture pour assurer la reconstitution de l'organisme. Rien n'est plus tentant que de se dire : dans ce cas, cherchons à savoir quelles sont les substances dont l'organisme a besoin, quelles sont les matières qui constituent l'organisme animal, et veillons à ce que l'organisme soit composé de ces matières. Or il s'agit là d'une vision trop exclusivement matérialiste. Nous devons nous demander quel est le rôle des aliments chez l'homme, et de quelle façon ceux-ci sont utilisés dans l'organisme humain. J'insiste expressément sur le fait que, selon la science de l'esprit, ce que je dis de l'homme n'est valable que pour l'homme et ne saurait s'appliquer à l'animal [2]. On peut dire que cet organisme humain est fait d'albumine, de matières grasses, d'hydrates de carbone et de substances minérales. On peut donc se demander de quelle façon l'homme doit s'alimenter pour que son organisme reçoive la quantité de nourriture dont il a besoin.

Il faut d'emblée rendre attentif au fait que la science spirituelle doit être sérieusement ancrée dans le terrain qui nous montre que les processus matériels, tout ce qui se déroule dans le monde physique accessible aux sens, n'est qu'une manifestation extérieure, et que dès lors les processus de nutrition ne peuvent être de nature exclusivement physique. Tout processus physique ne sera toujours que l'expression extérieure d'une réalité spirituelle. L'homme est un tout, et la composition de son corps physique ne saurait se résumer en un assemblage de substances chimiques. Nous avons toujours attiré l'attention sur le fait que l'on peut s'élever du monde purement physique vers un monde spirituel. Ici même, nous avons souvent entendu dire qu'il faut considérer le corps physique comme quelque chose qui est élaboré par le corps éthérique ou corps de vie. Celui-ci est en effet le formateur, et il serait faux de considérer le corps physique comme s'il était un lieu réservé aux seuls processus chimiques. Nous commettons une erreur en nous posant, dans un esprit purement matérialiste, la question : qu'advient-il des substances chimiques dès lors que nous n'envisageons que des processus chimiques ? Nous devons nous rappeler qu'il y a encore, derrière le corps éthérique, le corps astral. Ce dernier est l'expression des pulsions instinctives, est en quelque sorte l'expression de la vie de l'âme. Lorsque nous envisageons l'homme du point de vue de la science spirituelle, son corps physique aussi bien que son corps éthérique sont pénétrés par ce corps astral. Nous ne pouvons nous en tenir à une vision unilatérale mais nous devons voir que derrière le corps physique se trouve encore le corps astral. À cela il faut ajouter le Moi de l'homme, ce quatrième élément de l'entité humaine. C'est alors seulement que nous avons devant nous l'être humain dans sa totalité. Il faut le considérer sous cet aspect quadruple [3]. À partir de là il devient possible d'aborder le problème d'ensemble de l'alimentation et de chercher à savoir quels sont les effets de l'alimentation sur les éléments constitutifs de l'être humain.

Vous savez tous que l'homme prélève ses aliments dans le règne animal, dans le règne végétal et dans le règne minéral, et que c'est avec cela qu'il construit son propre corps. Pour ceux qui s'engagent plus particulièrement sur la voie du développement de la vie intérieure, je tiens à dire expressément que je ne parle ici ni à l'intention de disciples de l'ésotérisme, ni à celle des anthroposophes qui aspirent à une éducation de soi permettant d'accéder à la vision spirituelle. Ce que j'ai à dire ici est d'ordre général et s'adresse à tout individu. L'homme prélève sa nourriture dans les règnes des animaux, des végétaux et des minéraux. Ce qui est important, c'est de savoir que la plante se situe en quelque sorte à l'opposé de l'homme, alors que l'animal se trouve dans une situation médiane. Extérieurement, l'opposition en question se manifeste sur le plan physique dans le processus respiratoire. Nous savons tous que cette expression physique est marquée par le fait que l'homme inspire l'oxygène, le transforme à l'intérieur, le relie au carbone, puis expulse du gaz carbonique. La plante absorbe le gaz carbonique et peut ainsi assurer la construction de son organisme. D'une certaine manière la plante, elle aussi, a une respiration, mais ce processus respiratoire est totalement différent de celui de l'homme [4]. Nous pouvons dire que d'un point de vue spirituel la plante et l'homme agissent à l'opposé l'un de l'autre. Il est possible de démontrer cela en examinant l'influence que la lumière exerce sur la plante. Vous savez tous quelle est la conséquence pour le processus vital de la plante lorsqu'on la prive de lumière. Ce qui apparaît à l'homme comme étant le monde, ce qui rend possible que grâce à notre œil le monde soit vu par nous comme un grand tableau de lumière et de couleur, c'est la lumière. La lumière est également ce qui déclenche en quelque sorte le processus vital de la plante. Cette lumière est à l'origine du tableau éclairé que nous trouvons alentour. C'est bien la lumière physique mais ce serait une erreur de croire qu'il ne s'agit que d'une donnée physique. De même que derrière tout élément physique se cache le spirituel, de même derrière la lumière qui afflue vers nous il y a une lumière spirituelle. Chaque fois que l'homme prend plaisir à la splendeur de la lumière physique, il peut se dire que c'est exactement comme lorsqu'il voit un homme venir à sa rencontre : en cet homme vit un élément spirituel ; dans cette lumière vit une lumière spirituelle. La lumière spirituelle qui vit dans la lumière physique du soleil est de même nature que la lumière invisible qui vit dans le corps astral de l'homme. Dans le corps astral vit une petite parcelle de quelque chose qui traverse l'ensemble de l'espace cosmique. Cela est physiquement invisible et de ce fait nous indique déjà que, sous un certain aspect, cela se situe à l'opposé de la lumière physique. C'est le complément de la lumière physique.

En nous vit la lumière invisible, et cette lumière invisible a une mission en nous. Par rapport à la lumière physique, la lumière invisible est, pourrait-on dire, comme le magnétisme négatif par rapport au positif. Son comportement est à l'opposé. Nous le verrons dans son expression extérieure lorsque nous aurons compris quels sont les rapports entre le corps physique, le corps éthérique et le corps astral qui par ailleurs est pénétré par le Moi. Nous avons souvent dit ici que le corps éthérique est, tout au long de son existence, en lutte contre le dépérissement du corps physique. Chez l'homme, mais aussi chez l'animal, s'ajoute le corps astral, la lumière intérieure. Sa tâche est à l'opposé de celle de la lumière extérieure. Lorsque la lumière extérieure rayonne sur la plante, elle construit son organisme vivant. Elle engendre l'albumine, la sève, des hydrates de carbone etc. La lumière intérieure a pour tâche de défaire ce qui a été construit ; telle est en partie la tâche du corps astral. Nous assistons à une dissolution et une destruction incessante des produits albumineux ainsi que des autres produits que nous absorbons. La consommation des produits constitue en quelque sorte un processus qui agit contre ce que la lumière extérieure a construit. Sans cette activité de dissolution intérieure l'homme ne pourrait pas être un individu ayant un Moi, car c'est cela qui le rend capable d'avoir des expériences intérieures. Tandis que le corps éthérique veille à la conservation du corps physique, le corps astral se charge de la destruction de ces produits, de leur décomposition.

Sans ce processus de dissolution à l'intérieur du corps physique, le corps astral humain qui a assimilé le Moi ne saurait s'exprimer dans le monde physique. Nous avons donc à faire à un processus alternatif entre l'homme et la plante. Exhaler le gaz carbonique, aspirer le gaz carbonique, exhaler l'oxygène, inhaler l'oxygène etc. Cette opposition telle qu'elle existe entre la plante et l'homme n'est une opposition totale que dans le cas de la plante et de l'homme. L'animal ne possède pas un Moi comme c'est le cas pour l'homme. L'animal n'a qu'un Moi collectif, un Moi-groupe, de sorte que tous les animaux de la même espèce ont un Moi qui leur est commun à tous. Ils sont donc dirigés de l'extérieur. La différence fondamentale entre l'homme et l'animal repose sur le fait que chez l'animal le processus de destruction est réglé par un monde extérieur, alors que chez l'homme il est dirigé par le Moi qui se trouve à l'intérieur. Chez l'homme, le Moi peut progressivement acquérir la maîtrise sur ce qui se déroule en lui. Essayons de nous représenter comment ce Moi devient peu à peu le point central des processus corporels. Posons-nous la question : au fond, que fait l'organisme, que fait le corps astral lorsqu'il détruit les substances absorbées par l'homme ? Ou alors, lors de l'alimentation, n'y a-t-il pas une autre chose essentielle qui est déterminante ? Lorsque le corps dominé par le Moi déconstruit, il entreprend une activité qui a pour effet de produire quelque chose à l'intérieur. En effet, c'est précisément l'activité de dissolution assurée par le corps astral qui engendre l'activité intérieure de la conscience. Des processus de destruction engendrent de nouvelles activités ! D'abord c'est la chaleur intérieure qui est engendrée, ensuite c'est ce qui est moins perceptible que la chaleur intérieure : l'expression physique de la lumière intérieure. De même que la chaleur intérieure qui parcourt le sang est un résultat de la décomposition des produits albumineux, le système nerveux est l'expression de la lumière intérieure. Dans son activité intérieure, le système nerveux est un produit de la destruction. Ce qui résulte du processus de destruction, ce n'est pas le nerf lui-même, mais l'activité nerveuse, ce qui se produit dans le nerf, la possibilité de provoquer en l'homme des représentations, la possibilité de penser, ce que nous pouvons appeler l'expression physique de la lumière invisible. Pour l'essentiel, la chaleur intérieure est également tributaire de la décomposition de l'albumine. La lumière intérieure résulte de ce qui se déroule à l'intérieur de l'organisme, grâce aux matières grasses, aux hydrates de carbone, à l'amidon, au glucose etc. lors du processus qui engendre la chaleur, lors du processus qui engendre le mouvement qui est déclenché à l'intérieur, de sorte qu'il faut y voir l'expression de l'activité due au corps astral. L'alimentation juste ne réside pas dans le fait d'absorber une quantité suffisante de produits alimentaires, mais dans celui de réaliser ce processus le plus correctement possible. C'est de cela que dépend la vie intérieure. L'homme est un être sans cesse en mouvement et rempli de vie, et c'est en cela que consiste la vie intérieure. Lorsque cela n'est pas fait de façon juste, l'homme tombe malade.

C'est la pratique juste de la mobilité intérieure qui doit nous fournir la base nécessaire à une réponse correcte au problème de la nutrition. Notre attention doit porter sur le fait que les processus à réaliser par l'homme empruntent la direction inverse du processus qui caractérise les végétaux. Là où s'arrête l'action de la plante commence celle de l'homme. Lorsque j'évoquerai un cas particulier, vous verrez d'emblée de quoi il s'agit. Lorsque l'homme absorbe les aliments végétaux, ces aliments présument trop des forces de l'organisme humain. Les aliments végétaux sont d'une nature telle qu'ils ne peuvent contenir beaucoup de matières grasses. À l'organisme humain qui est capable de produire lui-même des matières grasses, il est demandé de les produire à partir de ce qui n'en contient pas. Donc lorsque l'homme absorbe des aliments végétaux, il doit lui-même faire l'effort intérieur nécessaire à la production de ces matières grasses. Par contre, il en est dispensé lorsqu'il absorbe des matières grasses déjà présentes dans le règne animal. Les matérialistes pensent que si l'homme veut se procurer beaucoup de matières grasses, il est souhaitable qu'il ne fasse pas trop d'efforts. Du point de vue spirituel par contre, ce qui compte c'est justement le déploiement, la stimulation de la vie à l'intérieur. Lorsqu'il s'agit de faire appel aux forces qui permettent de produire des matières grasses, c'est sur la mobilité intérieure qu'il faut compter, sur le fait que le Moi et le corps astral accèdent à la maîtrise du corps physique et du corps éthérique. En fournissant au Moi des matières grasses déjà existantes, nous lui évitons l'effort d'avoir à les produire. Par contre en lui donnant la possibilité de déployer sa propre activité, nous le rendons libre et en faisons le maître du corps. Autrement l'homme en tant qu'être spirituel demeure simple spectateur. Dès lors tout ce qui se déroule ainsi dans l'homme constitue en lui une pesanteur qui entrave le besoin d'action du corps astral. Sa mobilité intérieure est en quelque sorte paralysée lorsqu'il est empêché de produire lui-même les matières grasses. La question se pose alors de savoir quelles sont les activités intérieures qui sont produites par telle ou telle substance. Nous examinerons sous cet angle quels sont les effets des produits végétaux et des produits animaux dans l'alimentation de l'homme. Nous essayerons de voir comment les aliments végétaux et les aliments animaux se comportent dans l'organisme humain.

L'albumine provenant des animaux n'est pas la même que celle issue des plantes. Étant donné que l'organisme animal est pénétré par le corps astral comme l'organisme humain, l'animal réalise jusqu'à une limite donnée certains processus très semblables à ceux de l'organisme humain. Ce dernier pousse simplement ces processus au-delà d'une certaine limite, un peu plus loin que ne le fait l'organisme animal. Chez ce dernier, c'est d'ailleurs aussi le corps astral qui, après une phase de construction, est à l'origine de la déconstruction. Lorsque nous observons les animaux de notre entourage et que, du point de vue spirituel, nous nous intéressons à leur comportement, nous constatons, par comparaison avec l'homme, qu'il y a chez l'animal nombre de traits qui sont caractéristiques de l'être humain. Même en admettant qu'il existe dans l'organisation humaine des diverses races d'énormes différences, on en vient tout de même à constater que l'homme est un être qui se manifeste comme une espèce *unique*. L'homme se présente comme un condensé spirituel de ce qui est réparti dans les différentes formes animales. Si vous amenez à se compléter réciproquement les diverses qualités propres aux animaux, vous obtenez un condensé de ce qui, sous une forme modérée, existe chez l'homme. Chaque animal, pris individuellement, possède en lui de façon unilatérale une partie de ces forces qui sont en harmonie chez l'homme, et c'est d'après cette harmonie qu'est constitué tout l'organisme de l'homme. Jusque dans la moindre structure de ses substances, tout est organisé de telle sorte que nous observons dans le règne animal dans son ensemble un vaste tableau qui reflète les qualités propres à l'être humain. Lorsque l'homme s'efforce de trouver l'expression physique des qualités de son corps astral, il est obligé d'exiger du corps astral un effort faisant appel à toutes ses forces. Il doit devenir le maître des processus qui se déroulent à l'intérieur de lui-même. Il doit activer son corps astral de telle sorte que le processus végétal puisse se poursuivre en lui. Avec ce que nous absorbons d'aliments issus du règne animal, nous ne consommons pas seulement les graisses et la viande de l'animal, mais également ce que le corps astral a entrepris en eux. En cas d'alimentation végétale, tandis que nous avons à en appeler aux forces vierges du corps astral, nous mobilisons la totalité de notre activité intérieure. Par contre, une partie de cette activité nous est épargnée lorsque nos aliments sont d'origine animale. Ainsi, du point de vue spirituel, nous pouvons maintenant nous faire une image de ces deux modes d'alimentation.

Lorsque l'homme cherche à maîtriser davantage ce qui se passe dans son corps, l'important pour ces processus est que dans le monde extérieur l'homme manifeste une certaine force et déploie certaines qualités ; il lui faut de la force, du courage et disons même une certaine agressivité. Or il peut arriver que l'homme ne se sente pas encore assez fort et ne soit pas en mesure de faire pleinement confiance à son corps astral. Dans ce cas il recourt à la nourriture animale. On peut donc dire que ce qui rend l'homme de plus en plus libre intérieurement, il le doit aux substances qui lui viennent des plantes. Et ce qui lui confère les qualités grâce auxquelles il devient un être capable de déployer dans le monde physique certaines qualités où l'on n'accorde aucune importance à ce qu'elles découlent toutes du corps astral vierge, l'homme le doit à l'apport des aliments animaux. Le fait de chercher à devenir de plus en plus un être libre et d'acquérir également des qualités auxquelles il imprime les impulsions qu'il trouve par ailleurs répandues dans le règne animal, cela l'a incité à prélever sa nourriture dans le règne animal. Essayez de savoir comment cela se passait chez les peuples guerriers, dont l'effort visait à développer les qualités nécessaires pour être en mesure de s'exprimer essentiellement sur le plan physique. Vous trouverez qu'en général leur nourriture était tirée du règne animal. Il existe évidemment des exceptions. Par contre, chez les peuples cultivant de préférence une intériorisation du caractère et tendant à une existence contemplative, vous trouverez qu'ils pratiquaient de préférence ou même exclusivement un régime végétarien. Il ne faut faire l'impasse sur aucun de ces deux aspects. Pour militer exclusivement en faveur de tel ou tel régime alimentaire, il faut être dépourvu de toute connaissance ou simplement se comporter en agitateur et propagandiste. L'option en faveur d'une alimentation mixte n'est pas due au hasard mais correspond à un choix qui d'une certaine façon s'imposait. Nous devons toutefois nous dire que si, même pour des raisons de santé, l'alimentation végétarienne convient à plus d'un, cela n'empêche pas que pour d'autres le fait de leur imposer cette sorte de nourriture risque de saper leur santé. Je parle du point de vue de la nature humaine en général ; mais il est indispensable de prévoir un traitement individuel pour permettre à chacun de choisir la juste voie, soit le régime végétal, soit le régime animal. À notre époque où l'alimentation carnée est exagérément pratiquée, certaines conséquences sont inévitables. Lorsque l'homme se dessaisit d'une trop grande part de ses activités intérieures, nous voyons se déployer en lui certaines activités qui normalement relèvent de son comportement extérieur. L'âme s'extériorisera, il sera plus ouvert au monde extérieur et il s'y rattachera. Par contre, lorsque l'homme puise ses aliments dans le règne végétal, il développe une vie intérieure qui le rend indépendant, et il devient alors le maître de son être tout entier. Plus il opte pour le végétarisme, plus il est en mesure de donner la préférence à des aliments végétaux, et plus il aura la possibilité de permettre aux forces intérieures de s'imposer et de développer un sens pour une vision plus vaste du monde. Il ne se laisse pas séduire par des mentalités restrictives. Par contre, celui qui consomme de préférence des aliments carnés se laisse séduire par des attitudes sectaires et succombe à une approche rigide et partiale du monde.

Bien entendu, de nos jours, l'homme a la tâche de veiller aux deux, afin de ne pas être coupé de la vie pratique. On peut parfaitement être libre de tout préjugé en s'interdisant tout jugement. Or il faut savoir que ce qui restreint l'homme, ce qui le conduit à s'enfermer dans une spécialisation, il le doit à l'alimentation tirée du règne animal. Ce qui peut le libérer d'une vision étriquée du monde, il le doit à l'alimentation végétale. La croissance du dogmatisme qui amène l'homme à entretenir une vision du monde qui ne va pas au-delà de ce qui existait dès sa naissance, dépend dans une large mesure de la préférence exagérée pour un régime carné. En tenant mieux compte de ce qu'offre le règne végétal, les hommes verraient qu'ils s'affranchiraient plus facilement de toute vie sectaire. Celui qui cherche à se faire dispenser de la formation des matières grasses se rendra bien compte que cette dispense de travail érige une sorte de cloison devant son corps astral. Même sans être clairvoyant, en se contentant de juger correctement les choses, on voit d'après l'œil humain si l'individu prépare lui-même ses matières grasses ou si ce n'est pas le cas. On peut lire dans cet œil si le corps astral est obligé de produire lui-même ses matières grasses.

Nous constatons donc que deux modes de caractère opposés sont créés du fait que l'homme opte pour un régime plutôt que pour l'autre. Il apparaît en effet que c'est par une alimentation juste que notre organisme doit nous permettre de nous insérer dans le monde et de nous en retirer de nouveau. Les temps viendront où l'homme saura apprécier beaucoup mieux la nourriture végétale que ce n'est le cas aujourd'hui. Il pourra alors vraiment dire qu'il doit d'abord approfondir cette question, et que peut-être l'autre solution, celle qui semble aujourd'hui ne pas convenir, pourrait tout de même être la bonne. L'homme comprendra alors qu'il élargit son horizon physique et spirituel si, grâce à une alimentation végétale, il parvient à combattre la pesanteur qui l'entrave. Si cette nourriture végétale s'imposait, nous verrions, surtout dans certaines sciences, apparaître un élargissement des points de vue.

Prenons encore quelques exemples capables de nous montrer que l'homme est ce qu'il mange et boit.

Voyons le cas de l'alcool [5]. Certes l'alcool est un produit du règne végétal. Nous aurions besoin de plus de temps pour exposer ici quels sont les arguments de la science spirituelle lorsqu'il s'agit d'expliquer que l'alcool tiré de la plante exécute déjà physiquement ce qui devrait se dérouler concrètement chez l'homme pour que celui-ci ait dans le Moi son point central. Lorsque l'homme consomme de l'alcool, cette boisson le dispense d'une activité qui émane normalement de son Moi.

Ceci est une réalité intérieure évidente pour la science spirituelle. Celui qui consomme beaucoup d'alcool peut se contenter de manger peu. Il suffit de fournir au corps une quantité restreinte de produits alimentaires assurant le processus de combustion. L'alcool éveille les forces qui sans cela doivent être mobilisées par la pénétration du Moi dans l'organisme. L'alcool est un produit qui imite l'activité du Moi. Vous comprendrez dès lors pourquoi l'homme fait appel à l'alcool. Mais dans la mesure où l'on se procure cette sorte de substitution, on se rend dépendant et on devient esclave. En renonçant à l'alcool, l'être humain activerait les meilleures forces de son Moi s'il en avait la possibilité. Mais telles que les choses se passent, on réalise derrière cette cloison ce que le Moi lui-même devrait faire, et ferait si nous ne dressions pas d'abord cet obstacle.

Nombreux sont les aliments qui ont un effet spécifique sur l'organisme. C'est le cas du café, par exemple. Il a la particularité d'agir également sur le corps astral. Grâce à la caféine les effets du café font que notre système nerveux exécute de lui-même certaines activités qui sans cela nous obligeraient à faire appel à une force intérieure. Il ne serait pas juste de dire qu'en toutes circonstances il est bon que l'homme entreprenne tout à partir de son corps astral. L'homme est un être qui ne dépend pas uniquement de lui-même ; il dépend également de la vie dans laquelle il est inséré.

Le café est encore un de ces produits tirés du règne des plantes où le véritable processus végétal a déjà été porté à un degré supérieur. Il s'ensuit que le café est capable de dispenser l'homme d'une certaine activité. Tout regard averti peut constater que ce qui a trait à la démarche logique qui se déroule dans l'activité du système nerveux est stimulé par le café. L'homme peut donc s'en remettre au café pour tout ce qui concerne la démarche de la logique et la concentration sur une pensée ; ceci s'accompagne naturellement de la force intérieure de l'homme. (C'est le cas par exemple pour le commérage où la pensée reste accrochée à une chose, le temps de la commenter sous tous les aspects imaginables. Ce n'est pas une simple blague mais c'est vraiment dû à l'effet du café.) L'action du thé est entièrement différente. Le thé produit l'effet contraire. En cas de consommation quelque peu poussée, les pensées se dispersent dans tous les sens et s'éclairent. L'effet accentué du thé conduit à des pensées spirituelles, éblouissantes qui dans leurs détails ne manquent pas d'une certaine légèreté. Ceux qui cherchent à construire soigneusement un édifice de pensées, par exemple les hommes de lettres, opteront pour le café et seront tentés de séjourner à longueur de journée au café du coin. C'est là le côté agréable de l'affaire. Pour ceux qui préfèrent le thé, la situation est inversée. Lors du commérage, l'effet logique du café montre son aspect négatif. Autour l'une tasse de thé, les pensées sont beaucoup plus variées et dispersées. Ce n'est pas par hasard que le thé est la boisson préférée des diplomates.

Pour certains il peut être intéressant d'évoquer ici le grand rôle joué dans la vie par le lait comme produit alimentaire. Le lait est d'une nature totalement différente de la viande et des autres produits tirés du règne animal. Le lait est un produit qui exprime de la façon la plus faible le processus animal, le processus qui est dû au corps astral. Le lait n'est qu'à moitié un produit animal. Il n'a pas permis à la force astrale de participer à la nature de l'homme ou de l'animal. De ce fait, le lait est un les meilleurs aliments. Il est recommandé pour ceux qui renoncent entièrement à la consommation de viande, mais qui n'ont pas la force de réaliser tout à partir de la vie intérieure du corps astral. Un simple fait purement extérieur nous permet de constater que le lait contient tout ce dont l'homme a besoin pour son organisme. Bien que cela ne soit valable que sous réserve, il s'avère que le lait est le produit qui est le plus indépendant des qualités individuelles de l'homme. Ce n'est pas seulement l'organisme faible, mais aussi l'organisme fort qui peut trouver un soutien par la consommation de lait. Si l'homme décide de ne vivre que de lait pendant un certain temps, ce n'est pas seulement la force ordinaire qui sera stimulée en lui, mais cette alimentation se répercutera aussi au-delà de la force ordinaire et engendrera d'autres forces encore. De cette façon l'homme peut s'assurer un accroissement de forces. Il développe un surplus de forces et il voit alors s'en former certaines qui peuvent avoir un effet de guérison. Toute force que l'on désire posséder, il faut l'acquérir préalablement. Ainsi se présente une solution de rechange pour développer certaines forces. Ceux qui, mus par le sérieux de la vie, désirent développer certaines forces psychiques bénéfiques peuvent s'entraîner ainsi à acquérir de telles forces. Là encore, bien entendu, il faut se rappeler qu'une seule et même solution ne s'applique pas nécessairement à tous. C'est une affaire individuelle ; l'un réussit, l'autre n'y parvient pas. L'homme a la possibilité de se construire avec sagesse son organisme et peut contribuer au développement de forces intérieures libres et autonomes. La science spirituelle nous ramène alors à la sentence de Feuerbach déjà mentionnée tout à l'heure : « L'homme est ce qu'il mange ! » L'homme peut s'alimenter de telle sorte qu'il sape son indépendance intérieure invisible et devient alors effectivement l'expression de ce qu'il mange. La science spirituelle peut lui servir de guide pour qu'il soit de moins en moins l'esclave de son mode alimentaire. En effet, un régime alimentaire faux peut aisément faire de nous « des êtres qui sont ce qu'ils mangent ».

En se pénétrant des connaissances de la vie spirituelle, l'homme peut s'efforcer de devenir libre et indépendant, de sorte que ce qu'il mange ne l'empêche pas d'être et de devenir ce vers quoi un être humain est en mesure d'évoluer.

La conférence suivante fait partie de :
GA 93a *Éléments d'ésotérisme* (Triades)

ÉVOLUTION DES FORMES DE L'ALIMENTATION

Berlin, le 4 novembre 1905

À la suite de la conférence précédente [6], je désire ajouter aujourd'hui quelques considérations sous forme d'aphorismes concernant l'évolution des différentes races. Mais il convient d'attirer préalablement l'attention sur certains sujets dont il est rarement question dans la littérature.

Dans un premier temps, ce que l'on peut appeler les règles ou les lois de la nutrition [7] dans les diverses civilisations semble relever d'un arbitraire parfait. Or tel n'est absolument pas le cas, car ces lois sont issues d'un savoir et d'une grande sagesse. Il nous faut retenir cependant que l'humanité actuelle n'est absolument pas en mesure de réaliser ce que nous allons examiner maintenant. Or tout cela conduira ultérieurement à fixer les bases pour certaines lois de la vie sociale. Personne ne devrait donc s'imaginer qu'en optant pour le végétarisme, etc., on devient immédiatement un adepte.

Dans des populations orientales, il existe un certain art de guérir où tout dépend de l'attention que les médecins concernés portent au mode d'alimentation de leur propre corps physique. Là où existe encore l'ancienne vie spirituelle, il y a des hommes qui sont devenus des guérisseurs selon une coutume du passé, c'est-à-dire en se nourrissant exclusivement de lait. Ils savent qu'en excluant tout autre aliment, ils acquièrent des forces physiques de guérison, surtout pour soigner ce qu'on appelle les maladies mentales [8]. Ils ont leurs pratiques particulières. Ils savent très bien que l'alimentation exclusivement lactée leur permet de développer certaines forces.

Nous allons chercher à comprendre sur quelle intuition cette pratique repose. Cette intuition profonde peut être saisie de la façon suivante. Nous connaissons une certaine phase de l'évolution humaine, celle du milieu de l'époque lémurienne, où l'élément humain originel s'est scindé en un courant humain ascendant et un courant chutant vers l'animalité. Cela s'est accompagné d'une scission au sein des forces ancrées dans la Terre, alors que celle-ci était encore unie à la Lune. Certaines de ces forces se sont retirées de la Terre pour accompagner la Lune qui s'est séparée du globe terrestre [9].

Essayons un instant de nous représenter l'époque où Terre et Lune ne formaient encore qu'un seul globe. L'être humain se trouvait alors à un stade d'évolution très différent. Il disposait déjà du sang chaud, mais ne connaissait pas encore la séparation en deux sexes. Cette séparation s'observe à partir du moment où la Lune s'est détachée de la Terre. En dirigeant aujourd'hui votre regard vers la Lune, vous pouvez vous dire : du fait que cette Lune s'est détachée de la Terre, la force de reproduction chez les êtres humains est également passée par une scission. Jadis il y eut même une période terrestre où l'humanité était directement reliée à l'animalité, était plongée dans le règne animal et y puisait sa nourriture. Cette façon de s'alimenter est difficilement accessible à la compréhension de celui qui ne dispose pas des forces de clairvoyance. Nous pouvons nous en faire une idée lorsque nous observons le mode alimentaire normal chez les mammifères qui nourrissent leurs petits avec leur propre lait. Ce mode alimentaire est apparu lors de la séparation des forces de reproduction. Auparavant, les hommes pouvaient prélever leurs aliments directement dans l'atmosphère alentour, exactement comme les poumons le font aujourd'hui avec l'air. L'homme était alors directement relié à son environnement par une sorte de fil de succion, un peu à la manière dont l'embryon se nourrit dans le sein de sa mère. C'est ainsi que se présentait alors ici-bas l'ancienne forme d'alimentation. Il subsiste de cela la manière dont se nourrissent aujourd'hui les mammifères. Le lait ressemble à la nourriture que l'homme recevait à l'époque pré-lémurienne. Le lait est l'ancienne nourriture divine, la première sorte d'aliment qu'a connue la Terre. À cette époque lointaine, la nature de la Terre était telle que l'on pouvait y aspirer partout cet aliment. Le lait est donc un produit qui nous vient de la première façon dont l'être humain se nourrissait ici-bas. Par son physique, l'homme était encore plus proche du divin. Il aspirait le lait de l'atmosphère alentour. Les occultistes savent de quelle façon les hommes sont reliés à la nature.

La consommation de lait est la métamorphose d'une très ancienne forme d'alimentation. De tout temps, le lait fut le premier aliment de l'être humain. Il y a une expression allemande où le lait est appelé à dessein « le lait de la manière de penser pieuse ».

Nous pouvons nous demander quelles furent à l'origine les conséquences de ce prélèvement du lait par une sorte de succion opérée dans l'atmosphère alentour. Les forces lunaires au sein de la Terre avaient rendu cela possible. Elles étaient comme une sorte de sang général de la Terre tout entière. Mais avec la sortie de la Lune, les forces lunaires ne purent se concentrer que sur certains organes des êtres vivants.

L'occultiste dit que le lait est un aliment lunaire, et que ceux qui s'en nourrissent sont des « fils de la Lune ». La Lune a porté le lait à sa maturité. Il s'est avéré exact que les guérisseurs en Orient qui vivaient exclusivement de lait ont ainsi assimilé les forces originelles de la Terre, forces qui jadis se répandaient à flots sur la Terre. Ils se sont dit : Ce sont là les forces qui ont permis à l'être humain de mener une existence terrestre. Ces forces de création doivent donc aussi être des forces de guérison. Dès lors, en consommant du lait, à l'exclusion de tout autre aliment, nous développons en nous la force qui permet de favoriser toute guérison.

Replaçons-nous un instant à l'époque pré-lémurienne. Il existait alors une situation où le lait pouvait être sucé à partir de l'environnement. Il y eut ensuite le stade où le lait devint l'aliment général de l'homme, puis le stade où l'on en vint à consommer le lait maternel. L'époque qui a précédé celle où le lait était tiré de la nature est celle où Soleil et Terre formaient encore un seul globe. Il existait alors un aliment solaire. De même que le lait est un résidu de la Lune, de même il existait des produits solaires, des produits qui ont été amenés à maturité par le Soleil. Tout ce qui reçoit les rayons solaires, c'est-à-dire les fleurs et les fruits des plantes, tout cela fait partie du Soleil. Jadis, les plantes s'inclinaient vers le centre de la Terre qui était encore unie au Soleil. Leurs fleurs étaient implantées dans le Soleil. Au moment où la Terre s'est séparée du Soleil [10], la plante a maintenu son caractère ancien et a dirigé de nouveau ses fleurs vers le Soleil. L'homme est une plante inversée. Chez la plante, ce qui pousse à la surface de la Terre entretient avec le Soleil le même rapport que le lait avec la Lune. Ce qui pousse à la surface de la Terre est donc un aliment solaire. L'alimentation exclusivement lactée a été remplacée progressivement par une alimentation végétale essentiellement tirée des parties supérieures de la plante. Tel se présente le deuxième mode d'alimentation chez les humains.

Vers la fin de l'époque lémurienne, il y avait donc deux lignées : celle des « fils de la Lune » qui élevaient du bétail e se nourrissaient de produits d'origine animale, de lait ; puis il y avait l'autre lignée, celle qui se nourrissait de plantes, de produit de la terre.

Cette réalité trouve son reflet dans le récit de Caïn et Abel. Abel est berger, alors que Caïn est cultivateur. Abel [est un représentant de] la lignée lunaire, Caïn de la lignée solaire. Ce récit allégorique [11] est absolument grandiose. L'enseignement spirituel en donne des explications quelque peu occultées. Le peuple juif désignait du nom de Jéhovah l'être divin qui a donné à l'homme la possibilité d'être un « fils de la Lune » et de consommer des aliments lunaires métamorphosés. Jéhovah était la force nutritive de la nature ; elle se déverse vers Abel qui la puise alors dans ses troupeaux. Le passage à l'alimentation solaire correspond au reniement à l'égard de Jéhovah. Jéhovah n'accepte pas l'offrande de Caïn parce que celle-ci est un aliment solaire.

En remontant aux temps les plus reculés, nous ne trouvons aucun aliment autre que le lait, ce produit que l'homme tire des animaux vivants. Il s'agit là de l'aliment le plus originel et qui sert encore de nos jours aux premières semaines de la vie. Le guérisseur oriental rattache cet aliment à la parole biblique : « Si vous ne devenez pas comme des enfants, vous ne pourrez pas entrer dans le royaume des cieux [12].» Toutes ces choses sont d'une importance considérable.

Nous passons maintenant de l'époque lémurienne à l'époque atlantéenne [13], c'est-à-dire aux peuples qui ont vécu dans les régions de l'actuel océan Atlantique. Chez les Atlantéens apparaît un phénomène qui n'existait pas auparavant. Ils commencent à s'alimenter de produits puisés au règne de l'inanimé, et non plus à celui du vivant. Ils consomment des produits qui n'ont plus de vie. Il s'agit là d'une transition très importante dans l'évolution du genre humain. Du fait que dorénavant les hommes se nourrissent d'éléments morts, il est devenu possible de développer l'égoïsme. Cette alimentation faite à partir de substances mortes s'accorde parfaitement avec le besoin de développer le Moi. L'homme devient indépendant par le fait même d'absorber ce qui est mort. Il consomme la matière morte sous ses différentes formes : avec l'essor des peuplades de chasseurs, on s'intéresse aux animaux abattus ; ensuite il y a des peuples qui n'utilisent pas seulement les produits exposés au soleil, mais aussi la partie qui a mûri sous terre. Cela n'est pas moins mort qu'un animal tué. Tout ce qui vit dans la nature inférieure de l'animal, ce qui est imprégné de sang, s'est détourné de la force lunaire. Celle-ci est encore présente dans le lait qui est lié au processus de vie. L'homme en assimile la partie dépérissant lorsqu'il consomme ce qui est mort. Toute partie végétale qui se développe sous terre et qui n'est ni réchauffée ni éclairée par le principe vital du soleil est également morte. La racine est l'équivalent du corps animal imprégné de sang.

Par la suite est apparu un aliment qui n'avait jamais existé auparavant. L'homme a complété sa nourriture par des éléments purement minéraux prélevés à l'intérieur de la terre : le sel, etc. C'est ainsi que l'homme a puisé successivement sa nourriture dans les trois règnes. Tel est à peu près le chemin que les Atlantéens ont parcouru dans le domaine de l'alimentation : d'abord les peuplades de chasseurs, ensuite celle des agriculteurs, la lignée de Caïn, et en troisième lieu les mineurs qui sont allés exploiter les produits enfouis sous la surface terrestre.

Il s'agit là chaque fois de choses qui ont été détournées de la force de vie qui les a produites. Ce qui est mort chez l'animal se situe à l'opposé de la vie. La partie de la plante enfouie dans le sol est également à l'opposé de la vie. Quant au sel, c'est l'élément mort, le résidu, du règne minéral.

Nous arrivons maintenant à la cinquième race humaine. Les consommateurs de lait existent toujours à côté de ceux qui se nourrissent de fruits ; d'autres choses s'y ajoutent pourtant et constituent ainsi une nouveauté. Ce qui caractérise plus particulièrement la cinquième race, c'est le fait d'exploiter le minéral en se servant de processus chimiques. Les textes de la Genèse y font allusion. Quel est le produit que l'on obtient par des processus chimiques ? La progression dans l'évolution permet d'appliquer la chimie aux plantes, aux fruits. On produit du vin. Celui-ci n'existait pas sur l'Atlantide. La Bible nous raconte que Noé, le père originel de la nouvelle race postdiluvienne, s'est enivré par le vin. Grâce à un processus chimique minéral, on obtient un produit extrait du règne végétal. Le vin aura par la suite à jouer un rôle particulier tout au long de la cinquième race-mère. Tous les initiés du début de la cinquième race-mère tiraient leurs traditions de l'époque propre à la race atlantéenne, alors que le vin n'existait pas encore. Les initiés de l'Inde, de la Perse et de l'Égypte n'avaient pas besoin de vin. Lors des cérémonies religieuses, seule l'eau était utilisée.

Le vin est donc apparu au moment de la cinquième race-mère où le traitement minéral de la plante allait jouer un rôle. Les trois premières sous-races n'étaient que la répétition de ce qui avait précédé. C'est la quatrième sous-race qui a commencé à développer l'élément nouveau qui était apparu avec la cinquième race-mère. Elle a attribué au vin un certain caractère sacré. C'est pourquoi l'on voit surgir des actes cultuels où le vin joue un rôle important (culte dionysiaque). On vénère même un dieu du vin.

Cela s'est préparé progressivement durant la longue histoire de l'humanité. C'est chez les Perses que la culture de la vigne a vu le jour pour la première fois. Mais le vin n'y a encore aucun caractère religieux. C'est peu à peu seulement qu'il entre dans les cérémonies cultuelles, dans le culte dionysiaque. La quatrième sous-race est celle qui donne naissance au christianisme, mais aussi celle qui, sept siècles auparavant, avait annoncé sa mission par les jeux en l'honneur de Dionysos. C'est là que le vin fait son entrée dans le culte. Ce fait a été relaté de façon merveilleuse par Jean, l'évangéliste qui, plus que tous les autres, avait une connaissance profonde du christianisme. Dès le début de son Évangile, il parle de la transformation de l'eau en vin. Le christianisme est né d'abord pour la quatrième sous-race de la cinquième race-mère. Un enseignement est nécessaire pour sanctifier ce qui doit se développer sur le plan physique. Le vin coupe l'homme de toute influence spirituelle. Celui qui boit du vin ne peut pas accéder au spirituel. Il ne peut rien savoir de l'*âtman,* de la *buddhi* et du *manas,* de ce qui perdure et de ce qui se réincarne. Il fallait qu'il en soit ainsi. Le cours de l'évolution humaine suit un mouvement descendant et ascendant [14]. Il faut que l'homme atteigne une fois le point le plus bas. Et pour qu'il descende entièrement sur le plan physique, l'apparition du culte de Dionysos était indispensable. Au moyen de ce culte, le corps humain devait être préparé à vivre le matérialisme. C'est pourquoi il fallut qu'apparût une religion qui transforme l'eau en vin. Auparavant, il était sévèrement interdit aux prêtres de boire du vin. Cette abstinence leur ouvrait la voie à *l'âtman,* à la *buddhi* et au *manas.* Il fallait alors qu'apparaisse une religion capable de faire descendre l'homme jusque dans les profondeurs du monde physique, car il courait le risque de ne jamais descendre assez bas. Cette religion qui conduit l'homme vers le bas avait besoin d'une révélation extérieure, une révélation où il est fait abstraction de l'*âtman,* de la *buddhi et* du *manas,* mais aussi de la réincarnation, une religion se contentant de donner une orientation d'ordre général. La prochaine étape sera celle où le vin devra être de nouveau transformé en eau.

Si autrefois l'eau n'avait pas été transformée en vin, l'homme n'aurait pas pu faire l'expérience de tout ce qui se déroule ici-bas. Au début de l'Évangile de Jean [dans le récit sur la transformation de l'eau en vin pendant les noces de Cana], il est décrit comment le Christ a tenu compte de ce qui existait alors. Mais il a également pris en compte l'avenir, en instaurant par ailleurs la Cène. Cette sainte Cène est le plus grand symbole de ce qui a mis en route la civilisation au sein de la quatrième sous-race. S'il fut le vrai « fils de l'homme » qui est pleinement descendu dans les profondeurs terrestres pour s'en dégager ensuite et s'élever à nouveau puissamment, il lui a fallu s'en tenir à ce qui existait alors et montrer aux hommes le rapport qui existe entre le contenu physique de la race et sa mission spécifique. Pour que l'humanité reprenne son chemin ascendant, elle avait besoin d'un symbole qui conduise de la mort à la vie : le pain et le vin. Au sens occulte, le pain est ce qui peut apparaître une fois qu'on a tué la plante. Le vin apparaît une fois que la plante a été tuée et soumise à un traitement minéral. Lorsqu'on cuit l'élément végétal, on fait la même chose que lorsqu'on tue un animal. Lorsque nous tirons du règne végétal le vin, nous faisons d'une certaine manière la même chose que lorsque nous saignons un animal. Le pain et le vin constituent le symbole de la quatrième sous-race. Ce qui doit se développer à l'avenir, c'est la phase où l'on passe de la plante à la nourriture minérale. Il faudra de nouveau sacrifier, abandonner le pain et le vin. Le Christ apparu dans la quatrième sous-race met en valeur le pain et le vin : « Ceci est mon corps – ceci est mon sang ». Ainsi, il a voulu créer une transition de la nourriture carnée à la nourriture végétale, une transition vers quelque chose de plus évolué.

Il existait alors deux catégories d'hommes : d'abord ceux qui se nourrissaient de viande et de sang, les hommes préchrétiens sur lesquels le Christ ne comptait pas ; ensuite il y avait ceux qui se contentaient de ne tuer que les plantes et d'en tirer le suc : ceux qui mangent le pain et boivent le vin. C'est sur eux qu'il comptait. Ils sont les avant-coureurs de l'humanité du futur.

La signification de la Cène est de passer de l'alimentation tirée de bêtes mortes à une alimentation tirée de plantes mortes. Lorsque notre cinquième sous-race sera parvenue à son terme, on comprendra le sens de la Cène. Ce sera le cas dans la sixième sous-race. On ne consommera plus aucune nourriture carnée. D'ici là, il deviendra possible d'introduire une troisième forme de nourriture, la nourriture purement minérale. L'homme aura appris à fabriquer lui-même sa nourriture. Pour le moment, il reçoit ce que les dieux ont créé pour lui. Par la suite, il s'élèvera et préparera lui-même dans des laboratoires chimiques [15] les aliments dont il a besoin.

Vous pouvez donc constater que tout naît d'intuitions profondes. Lorsque nous trouvons chez les Orientaux de l'Antiquité toutes sortes de prescriptions sur ce qu'il faut manger, il ne s'agit pas à vrai dire de directives, mais simplement d'un récit : Tu ne dois pas exiger des substances qu'elles agissent autrement qu'elles ne le font.

Ce que le Christ éliminera par la suite, ce qui sera réellement sacrifié, une fois que la Cène n'existera plus, c'est le corps physique. Il est destiné à mourir. Cette mort du corps physique s'appliquera à l'ensemble de l'humanité. Vers le milieu de la sixième race-mère, au cours de son dernier tiers, il n'existera plus de corps physique. L'homme sera de nouveau entièrement éthérique. Il sera fait d'une substance bien plus subtile. Mais cela ne se réalisera pas si l'homme lui-même ne fait pas le nécessaire pour que cela arrive. Dans ce but, il doit d'abord passer à la nourriture qu'il produira lui-même dans des laboratoires. Dans la mesure où l'homme ne prélèvera plus sa nourriture dans la nature, mais où les aliments seront le produit de sa propre sagesse, les produits du dieu qui l'habite, il s'engagera sur la voie de sa propre déification.

Lorsque l'homme commencera à se nourrir par ses propres moyens, la base sera donnée pour accéder à quelque chose de supérieur, c'est-à-dire que l'homme pourra procréer par lui-même. À partir du monde minéral, il créera progressivement une vie pour lui.

Ainsi s'annonce la grande phase du devenir humain. Ce que les scientifiques savent aujourd'hui n'est qu'une petite fraction d'une grande évolution.

Avec Saturne [16], nous entrons dans l'époque du minéral. Aux temps de l'Atlantide, la consommation de substances mortes a préparé l'éclosion de l'égoïsme. Jusqu'à la cinquième sous-race, celle des proto-Sémites, le Moi humain commence lentement à se développer. Dans la sixième sous-race de la cinquième race-mère, ce Moi parviendra de nouveau à un stade supérieur de son développement. Cela veut dire que nous allons au devant d'un nouveau tourbillon de l'existence. Le tournant actuel a commencé à l'époque où les proto-Sémites ont établi les fondements de l'actuelle race primitive.

C'est à la civilisation proto-sémite que nous devons tout ce qui a existé jusqu'à ce jour. Mais maintenant, grâce aux peuples slaves, commence une nouvelle impulsion, une impulsion qui s'ouvre sur l'avenir. Par une certaine rupture avec le passé, un peuple introduit une nouvelle impulsion dans le

monde. Sous la forme d'une spiritualité cachée, cela se dégage de la paysannerie russe. Cela forme la seconde partie du tournant, du tourbillon futur. Actuellement, une certaine civilisation se trouve en pleine décadence, alors que quelque chose de nouveau se prépare. Cela se prépare à l'Ouest, et c'est à l'est que cela se concrétisera. Mais l'ancien doit stimuler le nouveau. Partout où nous voyons actuellement de nouveaux germes, tout est encore grossier et maladroit. L'ancien, par contre, entre dans la finition, mais il porte en lui la critique, la décadence. Les porteurs de l'ancienne civilisation viennent des branches sémites, et ce sont eux qui introduisent ce qui anime le tourbillon. Ils portent tous en eux une certaine origine sémite [17]. Exemples : Lassalle, Marx [18]. Cela se mêle à ce tourbillon. Au centre du tourbillon, aucune suite n'est possible. Il faut faire un saut comme pour passer d'un rivage à l'autre, un saut vers la spiritualité de la future culture de l'est. Il s'agit d'une impulsion entièrement nouvelle.

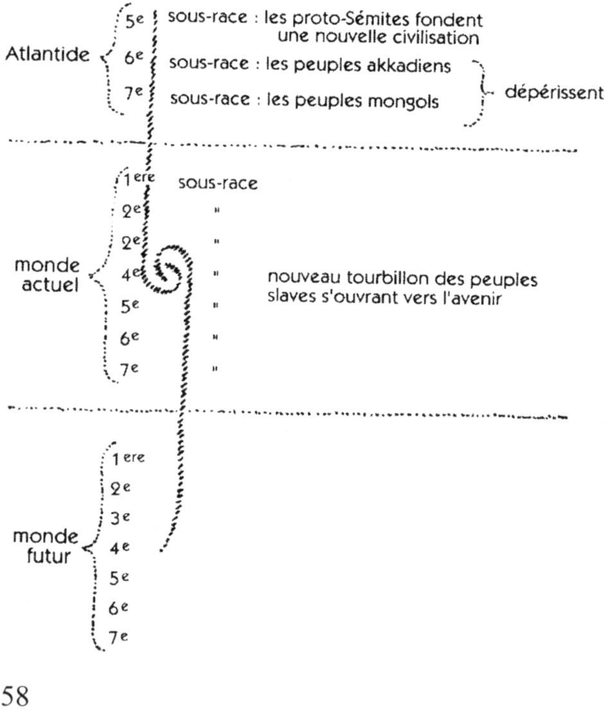

Dans un premier temps, l'impulsion d'avenir est plutôt lourde et marquée par le passé. Haeckel [19] ressemble à un homme qui nage en pleine rivière et qui est emporté par les deux tourbillons. La première partie de son livre *Les énigmes de l'univers* [20] est positive et constitue une théosophie élémentaire, alors que la seconde partie est négative et détruit tout. Cela est dû au tourbillon.

On peut constater également ces contrastes entre le socialisme à l'est et à l'ouest. Le socialisme occidental est un socialisme de la production, alors que le socialisme de l'est est un socialisme de la consommation. Celui qui, du point de vue social, règle la production table sur l'instinct possessif, sur l'égoïsme. Celui qui règle la consommation est attentif à ce que les autres désirent recevoir de lui ; son regard est tourné vers ses semblables, il se fonde sur la fraternité. Le socialisme de la production – Marx, Lassalle – s'intéresse à l'ouvrier, mais seulement dans la mesure où il est productif. À l'est, c'est la consommation qui se trouve au premier plan, par exemple chez Kropotkine, Bakounine, Herzen [21]. Vous pouvez constater comment les choses se heurtent, si vous observez Kropotkine. Il a immédiatement saisi le principe d'entraide pratiqué par les animaux. Le socialisme de l'ouest par contre est entièrement tourné vers la lutte. C'est ainsi que les courants interfèrent les uns dans les autres au cours de l'évolution du monde.

La conférence suivante fait partie de
GA 145 *Développement occulte de l'homme* (EAR)

ALIMENTATION ET DÉVELOPPEMENT SPIRITUEL

La Haye, le 20 mars 1913

Je vais avoir à vous parler, mes chers amis, d'un thème qui à l'heure actuelle peut être important pour beaucoup de monde, pour tous ceux qui d'une manière quelconque s'efforcent de ne pas faire de l'anthroposophie une simple théorie, mais qui la prennent à cœur, en sorte que pour eux, elle devienne une véritable substance de vie ; qu'elle devienne quelque chose qui imprègne toute leur existence humaine à partir de leur être actuel.

Non seulement pour ceux qui poursuivent un développement ésotérique, mais pour quiconque veut fortifier son âme par les pensées anthroposophiques, il est important d'apprendre certaines choses sur les modifications qui s'opèrent dans l'entité humaine entière, soit que l'on pratique les exercices indiqués dans *l'Initiation*[22] ou exposés plus brièvement dans la deuxième partie de la *Science de l'occulte,* soit même que l'on adopte simplement, mais de tout son cœur et de toute son âme, les conceptions anthroposophiques. L'anthroposophie cultivée ésotériquement ou exotériquement, mais cultivée sérieusement, produit d'une manière naturelle certaines modifications dans l'organisation générale de l'homme. On devient – cela doit être résolument affirmé – un autre homme, grâce à l'anthroposophie ; on modifie toute sa structure humaine. Aussi bien le corps physique que le corps éthérique, le corps astral que le Moi propre de l'homme sont d'une certaine manière modifiés quand l'homme prend véritablement en lui l'anthroposophie. Et les modifications subies par les enveloppes humaines sous l'influence de l'ésotérisme, mais aussi des connaissances exotériques sérieusement élaborées, vont être exposées selon leur ordre.

Il est particulièrement difficile de parler des modifications du corps physique de l'homme, pour la raison bien simple que ces modifications du corps humain physique au début de la vie anthroposophique ou ésotérique sont en vérité importantes, très significatives, mais d'une certaine manière aussi très indistinctes, peu marquantes. D'importantes et très significatives modifications se produisent d'elles-mêmes dans le corps physique, mais extérieurement elles restent imperceptibles à une certaine connaissance toute extérieure. Elles ne peuvent pas non plus être perceptibles pour la simple raison que le corps physique est ce que l'homme a intérieurement le moins en son pouvoir et parce que des dangers surgiraient même, aussitôt que des exercices ésotériques ou un travail anthroposophique seraient dirigés de telle façon que le corps physique en subirait des modifications qui dépasseraient la mesure de ce que l'homme est pleinement en état de maîtriser. Les modifications du corps physique se maintiennent donc à l'intérieur de certaines limites ; cependant il est important que l'on sache quelque chose, qu'on puisse s'en faire une idée claire.

Si l'on veut d'abord caractériser d'un mot qui les résume les modifications que le corps physique subit selon les conditions qu'on vient d'indiquer, il faut dire : ce corps physique humain devient d'abord par lui-même plus mobile et intérieurement plus vivant. « Plus mobile », qu'est-ce que cela veut dire ? Eh bien ! Dans la vie humaine normale, les organes du corps physique sont en communication les uns avec les autres ; ses organes sont reliés d'une certaine manière les uns aux autres. Leurs activités passent de l'un dans l'autre. Du fait que l'homme laisse sérieusement agir sur lui l'ésotérisme ou l'anthroposophie, les organes particuliers deviennent plus indépendants les uns des autres. Chaque organe devient indépendant des autres. D'une certaine manière la vie générale du corps physique est affaiblie et la vie propre de chaque organe est renforcée. Bien que le degré d'affaiblissement de la vie générale et celui du renforcement de celle de chaque organe soit extrêmement faible, il faut cependant dire que sous l'influence de l'ésotérisme ou de l'anthroposophie, le cœur, le cerveau, la mœlle épinière surtout, mais aussi tous les organes deviennent plus autonomes, plus vivants et plus indépendants les uns des autres, intérieurement plus mobiles. Si je voulais parler comme un savant, je devrais dire : les organes passent d'un état d'équilibre stable à un état d'équilibre plus instable. Il est bon de connaître ce fait parce que l'homme a facilement tendance, quand il perçoit quelque chose de cet autre équilibre de ses organes, à l'attribuer à un certain désordre ou au fait qu'il est devenu malade. On n'a en effet pas l'habitude d'éprouver la mobilité, l'indépendance des organes ; on ne les ressent que quand ils ne fonctionnent pas normalement ; et quand on ressent – bien qu'au début ce soit d'une manière très légère – l'indépendance des organes à l'égard les uns des autres, on peut le prendre pour un désordre, pour un état maladif. Vous voyez donc que lorsqu'il s'agit du corps physique, on doit être prudent. Il est évident qu'une même chose peut, dans un cas, être un début de maladie et, dans un autre cas, une simple manifestation accompagnant la vie intérieure anthroposophique. Dans chaque cas, il est nécessaire de distinguer les choses individuellement ; mais il faut dire que ce qui se produit ici par la pratique de l'anthroposophie est tout à fait dans la ligne de l'évolution normale de l'humanité. Dans des temps plus anciens de l'évolution, les divers organes étaient encore plus dépendants les uns des autres qu'ils ne le sont aujourd'hui dans la vie extérieure et, à l'avenir, il deviendront de plus en plus autonomes. Parce que celui qui s'adonne à l'anthroposophie doit toujours, dans les différents domaines de la vie et de la connaissance, anticiper les degrés du développement général de l'humanité, qui n'interviendront que plus tard dans l'avenir, il doit aussi accepter que, conformément à ce degré, ses organes deviennent indépendants les uns des autres. Cela peut se manifester d'une manière très légère, presque insensible, dans les divers organes et dans les systèmes organiques.

Je vais en donner un exemple caractéristique. Vous connaissez tous ce phénomène : l'homme, notamment quand il habite le sol sur lequel il est né, et quand sa profession ne l'oblige pas à voyager souvent, est pour ainsi dire attaché à son sol. Allez à la campagne et vous verrez que les gens de la campagne sont, dans une mesure bien plus grande que les habitants des villes, qui recherchent le séjour à la campagne, attachés à leur sol, à leur climat et qu'il leur est pénible, si pour une raison ou une autre ils s'installent dans une autre région ou sous un autre climat, de s'acclimater – comme on dit ; jusque dans l'âme même, sous la forme d'un mal du pays souvent insurmontable, l'attachement à leur sol natal vit dans leur âme. Cela peut nous montrer que l'homme doit nécessairement – ce que nous pouvons déjà remarquer quand il se déplace dans une autre région – adapter son organisme entier à cette région, à ce climat. Dans notre vie normale, cette adaptation se fait en réalité à l'intérieur de l'organisme entier : tout est, d'une certaine manière, éprouvé, affecté quand nous quittons la plaine pour la montagne ou que nous nous déplaçons dans une contrée un peu éloignée. Chez l'aspirant à l'ésotérisme, chez l'étudiant anthroposophe sérieux, on peut remarquer que ce n'est plus l'organisme entier qui est affecté, mais que c'est le système sanguin qui se détache et que la circulation du sang se sépare pour ainsi dire du reste de l'organisme et qu'elle subit une influence plus forte quand l'homme passe d'une région dans une autre. Celui qui a développé une certaine sensibilité pour ces choses remarque qu'en fait, quand il fait un voyage, il sent à la pulsation de son sang, à la manière de battre de son pouls, qu'il passe d'un lieu dans un autre. Alors que chez l'homme ordinaire, le système nerveux est touché par l'acclimatation nécessaire, chez celui qui est imprégné d'ésotérisme ou de vie anthroposophique, le système nerveux ne le ressent que très peu : il se retire, il se dégage de l'union intime qui existe entre le système nerveux et le système sanguin, grâce à la vie intérieure anthroposophique ; le système sanguin devient d'une certaine manière plus sensible aux influences du climat et du sol, et le système nerveux devient pour cette raison plus indépendant.

Si vous voulez des témoignages de ce fait, il faut les chercher là où on les trouve de la manière la plus naturelle ; notamment quand vous êtes vous-mêmes dans une situation analogue, quand vous allez dans un autre endroit. Essayez alors de vous observer avec attention et vous verrez que vous vérifierez cette donnée de l'occultisme. Il est extrêmement important de considérer un tel fait, pour la simple raison qu'il se transforme peu à peu en une faculté de sentir très précise. Celui qui dans son cœur est devenu anthroposophe ressent par son propre sang le caractère d'une ville étrangère ; il n'a pas besoin d'autre chose. Déjà à la pulsation de son sang, il peut remarquer que les régions terrestres sont très différentes les unes des autres.

Le système nerveux, par contre, se distingue d'une autre manière de l'organisme général. Celui qui se pénètre d'anthroposophie selon les conditions indiquées, remarquera peu à peu qu'il ressent la différence des quatre saisons par exemple, en particulier la différence entre l'été et l'hiver d'une tout autre manière que l'homme normal actuel. Dans son propre corps physique, l'homme normal actuel ne ressent au fond le plus souvent que la différence de température. Celui qui selon la manière indiquée a fait de l'anthroposophie le contenu de son âme, ne ressent pas seulement la différence de température, mais à côté de cela, dans son système nerveux, il fait une expérience particulière de sorte que, par exemple, il lui est plus facile de former certaines pensées liées à son cerveau en été plutôt qu'en hiver. Ce n'est pas qu'il soit impossible de former telle ou telle pensée en hiver, mais on peut nettement ressentir que c'est plus facile en été qu'en hiver ; qu'en été elles se déroulent pour ainsi dire plus facilement qu'en hiver. On peut aussi remarquer qu'en hiver les pensées deviennent plus facilement abstraites et en été, plus facilement imagées, plus expressives. Cela vient de ce que l'instrument destiné au plan physique, le système nerveux, vibre d'une manière plus délicate en accord avec le changement de saison, vibre intérieurement d'une manière plus indépendante de l'organisme que ce n'est le cas habituellement.

Mais une profonde modification se manifeste – ce qui peut prendre une forme tout à fait inquiétante : – on commence à ressentir son corps physique plus fortement qu'avant ; – il devient, pour ainsi dire, plus sensible pour l'âme, il devient plus difficile à supporter. Il est extrêmement difficile d'en donner une idée tout à fait claire quand il faut l'expliquer. Représentez-vous seulement un verre d'eau contenant du sel en solution, produisant un aspect trouble. Supposez maintenant – selon l'état normal de l'homme – que ses corps éthérique, astral et son Moi soient ce liquide et que le corps physique s'y dissolve comme le sel. Et maintenant faisons refroidir le liquide dans le verre : le sel va lentement se solidifier, devenir lourd du fait qu'il est devenu plus indépendant. De la même façon, le corps physique se durcit à partir de l'ensemble des quatre éléments de l'entité humaine ; il se rétracte, bien que dans une mesure peu importante. Il faut prendre cela littéralement : il se rétracte d'une certaine manière. Il faut seulement ne pas se le représenter d'une manière trop frappante, car on n'a pas à craindre que, par un développement anthroposophique, l'homme se ride profondément. Cette rétraction est un « devenir en soi plus dense ». Mais, ainsi, ce corps révèle d'abord quelque chose que l'on a plus de peine à supporter qu'auparavant. On le sent moins mobile qu'avant ; et de là vient que les autres éléments sont maintenant plus facilement mobiles. Ce qu'auparavant, le corps étant en parfaite santé, on n'avait pas du tout ressenti, que d'une manière assez confuse on appelait : « Moi », on le ressent maintenant comme quelque chose de plus lourd qu'on porte en soi, on commence à le ressentir dans sa consistance. Et en particulier, on commence à ressentir dans son corps la présence de ces choses ingérées qui pour ainsi dire, mènent à l'intérieur de ce corps physique une certaine existence indépendante. Ici, nous arrivons à une question qui ne peut être pleinement comprise que dans ce rapport – naturellement il ne s'agit là d'aucune propagande mais seulement d'une vérité – nous en venons à la question de la nourriture carnée.

Puisque nous avons affaire au corps physique, nous devons placer ici une précision sur la nature de la viande et celle de la plante, comme nourritures et avant tout sur la nourriture en général. Tout cela doit constituer un chapitre dans l'exposé des influences de la vie anthroposophique sur les

« enveloppes » de l'homme ; un chapitre qui peut être caractérisé si on lui donne le nom de restauration, de régénération de ce corps physique à l'aide des substances qu'il reçoit de l'extérieur. La relation de l'homme avec les éléments de sa nourriture est comprise correctement quand on voit nettement ses rapports avec les autres règnes naturels et d'abord avec le règne végétal. Le règne des plantes, en tant que règne de vie, conduit les substances inorganiques, les substances inertes, jusqu'à une certaine organisation. Pour qu'une plante vivante puisse apparaître, présuppose que les substances inertes, d'une certaine manière – comme dans un laboratoire vivant – soient élaborées jusqu'à un certain degré d'organisation. De sorte que dans la plante nous avons devant nous un être vivant qui amène les produits inertes de la nature jusqu'à un certain degré d'organisation.

Or, en tant qu'organisme physique, l'homme est ainsi fait qu'il est en état de participer au processus d'organisation jusqu'au point où les plantes l'ont amené et ensuite, de le conduire plus loin ; de sorte que l'organisme humain qui est supérieur se construit quand l'homme poursuit plus avant ce que la plante a porté à un certain degré. Les choses se passent très précisément d'une façon exactement continue : quand l'homme cueille une pomme ou une feuille et la mange, la continuité est la plus nette. Si tout pouvait se faire toujours de la manière la plus naturelle, on pourrait dire que le plus naturel serait que l'homme continue simplement le processus d'organisation là où la plante l'a laissé, c'est-à-dire : prendre les organes de la plante tels qu'ils se présentent extérieurement et, partant de là, poursuivre le processus d'organisation en lui-même. Celle-ci se poursuivrait donc selon une ligne droite continue, qui ne serait rompue nulle part et qui passerait de la substance inerte jusqu'à la plante, jusqu'à un certain degré d'organisation et, de ce degré, jusqu'à l'organisme humain.

Supposons maintenant le cas le plus commun : l'homme mange l'animal. Dans l'animal nous avons devant nous un être vivant qui a déjà poussé le processus d'organisation plus loin que la plante, jusqu'à un certain point qui dépasse l'organisation de la plante. De sorte que nous pouvons dire de l'animal qu'il continue le processus d'organisation de la plante. Supposons maintenant que l'homme mange cet animal ; il se produit alors ce qui suit : l'homme n'a plus besoin d'employer les forces internes qui étaient nécessaires pour consommer la plante. S'il avait dû commencer à organiser les éléments de sa nourriture là où la plante avait cessé de le faire, il aurait dû utiliser une certaine somme de forces. Or, elles restent inemployées quand il mange l'animal, car celui-ci a déjà conduit l'organisation de la plante à un degré supérieur ; c'est là seulement que l'homme a besoin de commencer son travail. Nous pouvons donc dire : l'homme ne continue pas l'organisation où il pourrait le faire, mais il laisse inutilisée les forces qui sont en lui et ne continue l'organisation que plus tard. Il laisse l'animal assumer une part du travail qu'il aurait dû accomplir s'il n'avait mangé que la plante. Or le bon état de son organisme ne consiste pas à travailler le moins possible, mais au contraire, à mettre toutes ses forces en activité. L'homme qui ne mange que la plante met en œuvre des forces qui développent des activités organiques ; quand il mange l'animal, il agit comme celui qui se dirait : je renonce à mon bras gauche, je vais le lier pour qu'il ne puisse être utilisé. Quand il mange l'animal, l'homme enchaîne intérieurement les forces auxquelles il devrait faire appel s'il mangeait des plantes. Il condamne ainsi une certaine somme de forces en lui-même à l'inaction et ce qui est ainsi condamné à l'inaction dans l'organisme a pour effet immédiat de paralyser, durcir et laisser en friche les organisations en question qui devraient êtres actives. De sorte que l'homme tue une partie de son organisme ou du moins la paralyse quand il mange l'animal. Et cette partie de son organisme que l'homme durcit ainsi, il la porte en lui toute sa vie comme un corps étranger. Dans la vie normale, il ne sent pas ce corps étranger. Mais quand l'organisme devient intérieurement mobile et que ses organes deviennent indépendants les uns des autres, ainsi que cela se produit dans la vie anthroposophique, le corps physique commence aussitôt à se sentir de plus en plus mal à l'aise parce qu'il a en lui maintenant un corps étranger.

Comme je l'ai dit, il ne s'agit pas de soulever une polémique, mais seulement d'établir la vérité. Et nous connaîtrons encore d'autres effets de la nourriture animale ; il sera nécessaire de traiter ce sujet en détail. De là vient que le progrès dans la vie anthroposophique crée peu à peu une sorte de dégoût pour la nourriture carnée. Non qu'il faille interdire à l'anthroposophe la nourriture animale, mais le progrès d'un instinct sain se détourne peu à peu de la nourriture carnée et ne la supporte plus. Et c'est beaucoup mieux que de devenir végétarien au nom d'un principe abstrait ; le mieux est que l'anthroposophie amène l'homme à éprouver une sorte de dégoût et d'horreur pour la viande. S'en abstenir en vue de ce qu'on appelle un développement supérieur n'a guère de valeur. On peut donc dire que la nourriture animale produit en l'homme quelque chose que le corps physique ressent comme un fardeau. C'est là un des côtés du fait occulte.

Pour le caractériser d'un autre côté, je prendrai le cas de l'alcool. Le rapport de l'homme avec l'alcool est lui aussi soumis à un changement, quand l'homme se pénètre intérieurement d'anthroposophie d'une manière sérieuse et vivante. L'alcool est pour ainsi dire quelque chose de très particulier dans les règnes de la nature. Il ne se révèle pas seulement comme un fardeau dans l'organisme humain, mais il y crée directement une puissance d'opposition. Observons la plante ; elle conduit son organisation jusqu'à un certain point, à l'exception de la vigne qui dépasse ce point. Ce que les autres plantes se réservent simplement pour le nouveau germe, toute la force de poussée végétative qui n'est destinée qu'au germe et qui ne se répand pas dans le reste de la plante, cette force se répand aussi, d'une certaine manière, jusque dans la pulpe du raisin ; de sorte que par ce qu'on appelle la fermentation, par la transformation de ce qui se répand dans la grappe, par ce qui, dans le fruit lui-même, est porté à un degré d'activité très élevé, il se crée quelque chose qui, en fait, à l'intérieur de la plante, atteint à une puissance qui ne peut être comparée de manière occulte qu'à la puissance que le Moi de l'homme a sur le sang. Ce que l'homme doit effectuer lui-même quand il agit par son Moi sur le sang, s'opère dans un autre règne naturel : dans la fabrication du vin et dans la production de l'alcool.

Nous savons bien qu'il existe un rapport intime entre le Moi et le sang ; extérieurement, on peut s'en rendre compte par ce fait que, quand le Moi éprouve de la honte, le rouge de la honte monte au visage de l'homme et, quand le Moi a peur, qu'il ressent de l'angoisse, l'homme pâlit. Cette action du Moi sur le sang intervient aussi dans d'autres circonstances. De manière occulte, elle est tout à fait analogue à ce qui se produit quand le processus végétal s'inverse, devient rétroactif, de sorte que ce qui est dans la pulpe du raisin, ce qui provient essentiellement du végétal, est transformé en alcool. Normalement, le Moi doit créer dans le sang un processus tout à fait semblable – du point de vue occulte et non du point de vue chimique – à ce qui se produit dans le vin quand le processus organisateur purement chimique devient rétroactif et que l'alcool en résulte. Par suite, l'alcool introduit dans notre organisme quelque chose qui, du côté organique, agit comme le Moi agit dans le sang. Et lorsque nous absorbons de l'alcool, nous avons en nous un contre-Moi, un Moi qui combat directement les actes de notre Moi spirituel. Du côté opposé, l'alcool agit sur le sang tout comme le Moi agit sur le sang. De sorte qu'un conflit intérieur se déchaîne et au fond condamne à l'impuissance tout ce qui provient du Moi quand nous lui opposons un antagoniste tel que l'alcool. C'est là le fait occulte. Celui qui ne boit pas d'alcool s'assure la libre possibilité d'agir par son Moi sur le sang ; celui qui boit de l'alcool fait la même chose que celui qui prétend renverser un mur et frappe d'un côté, mais en même temps place des gens qui frappent aussi du côté opposé. La consommation de l'alcool élimine l'activité du Moi sur le sang.

Celui qui fait de l'anthroposophie son élément de vie ressent donc l'action de l'alcool dans le sang comme une attaque directe contre son Moi et il est tout naturel qu'un développement spirituel véritable ne puisse avancer facilement que si l'on évite cette opposition. Nous voyons par cet exemple que ce dont nous sommes ordinairement inconscients devient perceptible pour l'anthroposophe quand l'équilibre habituel est modifié dans le corps physique.

Sous bien d'autres rapports, les différents organes et systèmes d'organes se rendent tout à fait indépendants de l'organisme physique et, en particulier, on peut constater que la mœlle épinière et le cerveau deviennent plus indépendants l'un de l'autre. Nous parlerons à nouveau demain de la nourriture et de la physiologie occulte de la nourriture. Aujourd'hui, je vais en rester au thème de l'indépendance des organes. Cette rupture du lien entre la mœlle épinière et le cerveau peut se faire jour du fait qu'une pénétration intérieure de l'âme par l'anthroposophie rend l'homme capable de ressentir peu à peu que son organisme acquiert une plus grande indépendance. Cela peut à nouveau créer une situation inconfortable ; c'est pourquoi il est d'autant plus nécessaire de le savoir d'avance. Alors que généralement on se maîtrise, il peut par exemple arriver à celui qui progresse de remarquer soudain qu'il prononce des paroles qu'il n'avait pas du tout l'intention de dire. Il va dans la rue et remarque qu'il vient de dire tout haut un mot dont la sonorité lui plaît peut-être, mais qu'il n'aurait pas prononcé si cette indépendance de la mœlle épinière vis-à-vis du cerveau ne s'était pas produite. Ce qui autrement est retenu, devient un réflexe du fait de cette indépendance. Mais il arrive aussi que même dans le cerveau, une partie devienne indépendante de l'autre : notamment les parties internes du cerveau deviennent indépendantes des parties externes qui les entourent, alors que dans la vie normale, elles travaillent en commun. Cela se montre au fait que pour celui qui poursuit un développement ésotérique, ou pour l'anthroposophe véritable, la pensée abstraite devient plus difficile à élaborer qu'auparavant et rencontre une résistance de la part du cerveau. À un anthroposophe qui travaille, il devient plus facile de penser d'une manière imaginative que de penser d'une manière abstraite.

C'est une chose qu'en particulier beaucoup d'anthroposophes remarquent très tôt : ils éprouvent une prédilection très nette pour le travail anthroposophique ; ils lisent volontiers les ouvrages anthroposophiques, ils y pensent, non pour la simple raison qu'ils sont anthroposophes zélés, mais parce qu'il leur est plus facile de s'y reconnaître dans les conceptions spirituelles. Dans la mesure où le plan physique est en question, celles-ci font en effet appel aux parties centrales du cerveau, alors que les pensées abstraites font appel aux parties externes. C'est ce qui explique l'antipathie qu'éprouvent beaucoup d'anthroposophes au zèle excessif pour la pensée et la science abstraites. C'est aussi pourquoi certains anthroposophes remarquent avec un certain regret qu'ils pouvaient auparavant fort bien penser d'une manière abstraite, mais que cela commence à leur être difficile.

Ainsi, non seulement les différents organes deviennent relativement plus vivants et plus indépendants, mais certaines parties d'organes elles-mêmes deviennent plus vivantes et plus indépendantes ; et ainsi vous pouvez voir que quelque chose de nouveau doit intervenir chez l'homme qui entreprend ce développement. Auparavant, c'était une nature bienveillante, qui, sans sa participation, apportait à ses organes le lien qui devait les unir ; maintenant que ses organes deviennent plus indépendants entre eux, le lien se fait plus lâche, c'est lui qui doit avoir la force intérieure de rétablir l'harmonie. Cet appel à l'harmonie des organes et des parties d'organes, l'anthroposophe le ressent parce qu'il lui est constamment rappelé que chacun de ses efforts doit tendre à accentuer la maîtrise de l'homme sur ses organes devenus indépendants. Rappelez-vous, mes chers amis, combien de fois on a insisté – parce que dans nos livres cela joue un grand rôle – sur le fait que nombre de gens disent : « Ah ! Tout cela est terriblement difficile ! » Quand on me disait que pour les débutants le livre *Théosophie*[23] était trop difficile, j'ai dû souvent faire cette réponse : « Oui, mais il ne pouvait pas être plus facile, parce que s'il l'avait été, les gens auraient évidemment reçu certaines vérités dans leur vie intérieure qui auraient aussi amené l'indépendance de ces parties du cerveau, mais ce livre est construit selon une structuration ordonnée de la pensée telle, que l'autre partie du cerveau est aussi obligée continuellement de s'exercer et non de rester en arrière. » Le caractère propre d'un mouvement qui repose sur les bases occultes rend nécessaire de ne pas porter seulement l'attention sur ce qui est juste au sens abstrait et de ne pas l'exposer simplement d'une manière agréable. Il est au contraire nécessaire de l'exposer d'une manière saine et, le plus honnêtement possible, de prendre garde que, sous prétexte de vulgarisation, on ne présente les choses de manière telle qu'il puisse en résulter des dommages. En anthroposophie il ne s'agit pas de vulgariser purement et simplement les vérités en question, par des livres et des discours, il s'agit de la *manière* dont elles sont écrites et communiquées. Le mieux est que ceux qui veulent être les représentants d'un tel mouvement ne se laissent pas arrêter d'exposer ceci ou cela par souci de popularité. Plus que dans tout autre domaine, il s'agit dans celui-ci de l'adhésion à la vérité pure et honnête. Et quand on parle de questions telles que la transformation des enveloppes humaines par la vie anthroposophique, on remarque tout de suite à quel point il est nécessaire de les présenter au monde d'une manière exacte.

Je voudrais signaler que les conférences que je ferai sur ce sujet forment un tout et que certaines perplexités qui pourraient surgir dans telle ou telle âme, à l'audition de cette première conférence, seront aplanies par la suite.

La conférence suivante fait partie de
GA 145 *Développement occulte de l'homme* (EAR).

ACTION INTÉRIEURE DES ALIMENTS ET DES STIMULANTS

La Haye, le 21 mars 1913

Chez l'anthroposophe, la pratique de l'ésotérisme agit naturellement plus intimement sur ses corps éthérique, astral et sur le Moi que sur le corps physique. Dans les prochains jours, nous aurons à considérer les éléments supérieurs de la nature humaine de ce point de vue ; cependant nous obtiendrions une base solide si nous examinions aujourd'hui ce qui peut être ajouté sur les modifications du corps physique. Mais il faut remarquer expressément que ce ne sont pas les degrés les plus élevés de l'initiation qui provoquent les modifications que j'ai indiquées ; mais, bien davantage, le début de la vie ésotérique ou anthroposophique et, ainsi, elles sont déjà d'une certaine importance.

Vous aurez vu dans la conférence précédente que par les influences caractérisées, le corps physique humain devient pour ainsi dire plus vivant, plus mobile en lui-même et que, par là, il peut devenir aussi plus incommode à supporter. On ressent davantage sa présence qu'on ne le fait dans la vie extérieure exotérique, la vie normale. Nous aurons, en ce qui concerne les corps supérieurs, à parler encore de la différence entre la nourriture végétale et la nourriture animale. Mais pour la formation et l'organisation du corps physique cette différence est énorme. Il convient naturellement de toujours répéter que notre tâche n'est pas de faire de la propagande pour l'une ou l'autre alimentation, mais seulement de dire ce qui est juste et vrai dans ce domaine. Et avec le développement de l'âme, les faits en question deviennent des faits d'expérience.

L'un de ces faits est avant tout que notre corps physique traîne un fardeau plus lourd avec l'alimentation animale qu'avec l'alimentation végétale. Nous avons déjà dit hier que le corps physique se contracte pour ainsi dire et se détache des éléments supérieurs au cours du développement.

Quand on ne lui fournit que de la nourriture animale, celle-ci est ressentie comme une substance fortement étrangère qui s'introduit dans l'organisme humain – et si l'on peut employer une expression radicale – l'homme le ressent comme une flèche que l'on se fiche dans la chair.

Sous ce rapport, par un développement ésotérique, on ressent plus la pesanteur terrestre de la nourriture animale qu'on ne le fait autrement et on ressent avant tout le fait que cette nourriture animale attise et embrase la volonté instinctive, celle qui reste plus inconsciente et qui agit dans les émotions et les passions. L'observation qui veut que les peuples guerriers soient plus portés à manger de la viande que les peuples pacifiques est très juste. Ce qui ne doit pas inciter à croire que la nourriture végétale priverait l'homme de tout courage et de toute énergie. Nous verrons que par l'abstention de chair animale, ce que l'homme perd en fait d'instincts, de passion agressive et émotive – ce sera dit à propos du corps astral – est compensé intérieurement dans la vie de l'âme. Mais tout cela dépend de la situation de l'homme et de nos règnes naturels en rapport avec le cosmos, et on obtient peu à peu – quand on n'a pas encore atteint une clairvoyance supérieure – une sorte de preuve, de confirmation de ce que l'occultiste constate au sujet des liens qui unissent la vie humaine avec le cosmos. On en obtient une sorte de preuve quand, par l'expérience des processus physiques corporels devenus plus vivants, plus mobiles, en son propre corps, on apprend à connaître la nature et les propriétés des substances terrestres utilisées comme moyens d'alimentation.

Voyez-vous, il est intéressant par exemple de comparer trois sortes d'aliments en rapport avec les influences cosmiques : c'est d'abord le *lait* et tous les produits qui s'y rattachent ; puis les *plantes* et ce qui provient d'elles, notamment ce qui est préparé par elles ; enfin c'est la *chair animale.* Lait, plantes, chair animale comme moyens d'alimentation, on peut les comparer d'une certaine manière lorsque, par le développement ésotérique, on est devenu réceptif à leur action. On pourra aussi plus facilement apprécier ce que la raison confirme sur le monde extérieur. Par l'observation occulte du monde, vous trouveriez la substance du lait sur la Terre, mais vous ne la trouveriez sur aucune planète de notre système solaire. Ce qui est produit d'une manière analogue, à l'intérieur de l'organisme des êtres vivant sur d'autres planètes, se révélerait tout différent du lait terrestre. Le lait est spécifiquement terrestre. Et si l'on voulait généraliser ce qu'est le lait, il faudrait dire que les êtres vivants de chaque système planétaire ont leur propre lait.

Quand on examine le monde végétal de notre Terre et qu'on le compare de manière occulte à ce qui lui correspond sur d'autres planètes, il faut dire que les *formes* des plantes sur terre sont différentes de celles qu'on trouve sur les autres planètes de notre système solaire ; mais comme le monde végétal terrestre dépend aussi du système solaire, ce qu'il y a d'intérieurement solaire dans nos plantes terrestres se retrouve dans les plantes des autres planètes du même système solaire. Ce qui concerne le monde animal se rattache à ce qui a déjà été dit sur le lait et l'occultiste peut très facilement constater que le monde animal terrestre est radicalement différent de ce qui lui correspond sur les autres planètes ; mais quand son regard occulte examine l'action du lait sur le corps humain – nous nous bornerons au corps humain – il constate que le lait le rattache à la Terre, à notre planète, du fait qu'il le relie aux générations humaines terrestres, à l'espèce commune du genre humain terrestre. Qu'en ce qui concerne l'enveloppe physique, les hommes puissent former une espèce unique, cela est dû au fait que le lait est une nourriture vivante préparée pour un être vivant selon les lois de la vie animale. On peut dire que tout ce que le lait fournit à l'organisme humain le prépare à être une « créature terrestre » humaine, le met en relation avec les conditions terrestres, mais ne l'enchaîne pas réellement à la Terre. Il en fait un habitant de la Terre, mais ne l'empêche pas d'être en même temps un habitant de tout le système solaire.

Il en est autrement de la nourriture animale. La nourriture animale prise au domaine qui est spécifiquement terrestre et qui n'est pas comme le lait le résultat d'un processus de vie directement produit par l'être vivant, humain ou animal, mais qui est empruntée à cette partie de la substance animale déjà transformée par l'animal, cette nourriture enchaîne l'homme spécialement à la Terre, en fait une créature terrestre, de sorte qu'on peut dire : dans la mesure où il offre son propre organisme aux effets de l'alimentation carnée, il se prive des forces qui le libèrent de la Terre. Il se lie de la manière la plus nette à la planète. Alors que le lait le rend capable d'appartenir à la Terre, pour ainsi dire comme un lieu de passage pour son évolution, la nourriture carnée le condamne – quand il n'est pas libéré par autre chose – à faire de son séjour sur Terre un séjour durable auquel il est entièrement adapté. Comme le lait pourrait faire dire à l'homme : Je veux rester sur Terre pour pouvoir y remplir ma mission, mais ne pas y demeurer définitivement, la volonté de se nourrir de viande lui ferait dire : Je renonce au ciel car je préfère m'adapter aux conditions de l'existence terrestre.

La nourriture végétale est celle qui éveille dans l'organisme les forces qui mettent l'homme en une sorte d'union cosmique avec tout le système planétaire. Ce que l'homme doit réaliser quand il continue à élaborer la nourriture végétale dans son organisme met en œuvre des forces contenues dans tout le système solaire, ainsi, il ne lui devient pas étranger ; dans son enveloppe physique il participe à ses forces, il ne s'en détache pas. Sous un certain rapport, peu à peu, l'âme qui fait un développement ésotérique ou anthroposophique peut ressentir en elle-même qu'avec les plantes elle ne prend pas en elle la pesanteur terrestre, mais quelque chose qui appartient au soleil, c'est-à-dire au corps central de tout le système planétaire. La légèreté de l'organisme que l'homme obtient en se nourrissant de plantes, le soustrait à la pesanteur terrestre et rend peu à peu possible – pourrait-on dire – la formation d'une certaine faculté interne du goût dans son organisme : comme si avec les plantes, cet organisme assimilait en fait d'une certaine manière, la lumière solaire qui accomplit tant de travail en vue de leur croissance.

Par ce qui vient d'être dit, vous pouvez saisir qu'il est d'une importance immense de ne pas s'enchaîner à la Terre, à la pesanteur terrestre, par la consommation de la chair, si, selon les conditions individuelles et héréditaires, on peut se passer de viande ; car la décision ne peut dépendre que des conditions personnelles de chacun. Tout le développement de la vie humaine sera réellement allégé, quand on pourra se priver de la satisfaction d'une nourriture carnée. Par contre, certaines difficultés commenceraient si l'homme voulait être fanatiquement végétalien au point de repousser le lait et tout produit laitier. Le développement spirituel de l'âme court dans ce cas un danger certain et cela pour la raison qu'en repoussant toute alimentation ayant un rapport avec le lait, on arriverait facilement à éprouver un certain amour pour ce qui l'éloignerait de la Terre, et on perdrait ainsi les liens qu'on doit avoir avec les réalisations humaines sur Terre.

C'est pourquoi il est bon que celui qui s'efforce d'être anthroposophe, en se livrant avec un enthousiasme fanatique à l'attrait du spirituel, prenne garde de ne pas créer dans son corps physique un obstacle qui tendrait déjà à éloigner de toute parenté avec ce qui est humain sur Terre. Pour que nous ne devenions pas des maniaques du développement de l'âme, pour que nous ne devenions pas étrangers au sentiment humain, à l'activité humaine sur Terre, il est bon qu'en tant que passagers sur la

Terre, nous nous laissions d'une certaine manière quelque peu alourdir par l'usage du lait et des laitages. Cela peut même devenir un entraînement systématique pour un homme qui ne peut vivre constamment dans le monde spirituel et qui en outre a des tâches à remplir sur la Terre, ce peut être un entraînement systématique de ne pas être purement végétalien, mais de prendre du lait et des laitages. Ainsi il rendra son organisme, son corps physique apparenté à la Terre, à l'humanité, sans pour cela être enchaîné à la Terre, alourdi par elle, comme c'est le cas avec l'alimentation carnée.

De toute façon, il est intéressant de voir que ces choses sont liées à des secrets cosmiques et comment, par la connaissance de ces secrets, on peut suivre l'action propre des substances nutritives dans l'organisme humain. En tant qu'hommes qui s'intéressent aux vérités occultes, vous devez, mes chers amis, vous pénétrer toujours davantage du fait que ce qui existe sur Terre – et notre corps physique appartient aussi à notre existence terrestre – ne dépend pas seulement des forces et des conditions terrestres, mais dépend aussi des forces et des conditions supraterrestres et cosmiques. Et c'est le cas d'une manière très variée.

Prenons par exemple l'albumine, le blanc d'œuf, tel qu'il est présent dans l'œuf de poule ; nous devons savoir clairement qu'un tel blanc d'œuf animal n'est pas simplement ce que le chimiste trouve dans son analyse, mais que, dans sa structure, il est un produit des forces cosmiques. Toutefois ces forces cosmiques n'agissent sur lui que lorsqu'elles ont d'abord agi sur la Terre elle-même et, avant tout, encore sur la Lune qui accompagne la Terre. L'influence cosmique sur le blanc d'œuf animal est donc indirecte. Les forces du cosmos agissent d'abord sur la Terre et la Terre intervient ensuite avec les forces qu'elle reçoit du cosmos, sur la composition de l'albumine animale. C'est la participation de la Lune qui est la plus forte, mais seulement parce qu'elle reçoit d'abord les forces du cosmos et qu'ensuite, avec ces forces qu'elle rayonne, elle agit sur l'albumine animale. Dans la plus petite cellule de l'animal, et donc aussi dans le blanc d'œuf, celui qui observe les choses d'un regard occulte peut voir que, sur la Terre, ce ne sont pas seulement les forces physiques et chimiques qui interviennent, mais que la plus petite cellule – disons : de l'œuf de poule – est construite par les forces que la Terre reçoit d'abord du cosmos.

Indirectement, ce que nous appelons le blanc d'œuf est donc relié au cosmos, mais cette substance animale telle qu'elle est sur la Terre ne pourrait jamais se produire si la Terre n'était pas là. Directement, elle ne peut provenir du cosmos : elle est entièrement un produit de ce que la Terre a d'abord dû recevoir du cosmos.

Il en est à nouveau autrement avec ce que, par exemple, nous connaissons comme la graisse, comme la substance grasse terrestre des êtres vivants, et qui constitue aussi une partie de l'alimentation, notamment chez ceux qui se nourrissent de chair animale. Ce que nous appelons la graisse, qu'elle soit prise au monde extérieur ou que l'homme la forme dans son propre organisme, est construit selon de tout autres lois cosmiques que le blanc d'œuf. Tandis qu'à celui-ci participent les forces cosmiques des Esprits de la Forme, à la production de la graisse participent surtout les entités que nous appelons les Esprits du Mouvement. Voyez-vous, il est important de mentionner ces choses parce que c'est seulement ainsi qu'on se rend compte combien compliqué est en fait ce que la science extérieure présente comme infiniment simple. Aucun être vivant ne pourrait assimiler d'un côté le blanc d'œuf et de l'autre la graisse, si ne travaillaient ensemble à partir du cosmos – bien qu'indirectement – les Esprits de la Forme et les Esprits du Mouvement. Nous pouvons donc suivre les effets de l'activité des différentes hiérarchies jusque dans la substance même qui compose notre enveloppe physique. De là vient qu'à l'expérience que fait l'âme qui a parcouru un développement anthroposophique, se mêle aussi cette expérience plus différenciée, plus mobile, du fait que l'on porte en soi l'albumine et d'autre part la graisse dans l'enveloppe physique. C'est une impression double. Dans son organisme physique devenu plus mobile, l'âme apprend à distinguer deux genres d'impressions dans son propre corps. Ce que dans l'existence normale extérieure, l'homme confond en une impression unique, il le ressent maintenant comme l'action conjuguée des graisses et de l'albumine dans l'organisme. Une impression nous pénètre intérieurement de telle sorte que nous la sentons élaborer notre stature : c'est l'albumine en nous ; et l'autre nous rend indifférents à notre concentration intérieure, nous soulève au-dessus de notre forme, nous rend plus flegmatiques à l'égard de notre sentiment humain intérieur. Quand cette note de flegme s'ajoute à notre propre impression – ces impressions se différencient fortement avec le développement ésotérique – elle provient de la graisse dans le corps physique. Et la sensation interne éprouvée au sujet de l'enveloppe physique devient ainsi plus compliquée.

On perçoit tout spécialement ce fait quand il s'agit des substances amidonnées ou sucrées. Le sucre est à cet égard très caractéristique : il se distingue déjà des autres substances par son goût. On peut très bien le remarquer dans la vie ordinaire non seulement chez les enfants mais aussi parfois chez les gens âgés, à leur attrait pour les choses sucrées. Mais cette distinction ne va pas au-delà du goût. Quand l'âme poursuit un développement, elle ressent tout ce que lui apporte le sucre qu'elle consomme ou celui qu'elle élabore dans l'organisme, comme quelque chose qui intérieurement lui donne de la solidité, qui la soutient intérieurement, qui d'une certaine manière la pénètre d'une sorte d'égoïté naturelle. Et en ce sens, on ne peut que faire l'éloge du sucre. En fait celui dont l'âme se développe peut souvent remarquer qu'il a souvent besoin de sucre, parce que le développement de l'âme tend à le rendre de moins en moins centré sur lui-même. Par un développement anthroposophique correct, l'âme se libère d'elle-même du Soi personnel : et pour que l'homme qui a une mission terrestre à remplir au moyen de son corps physique, ne perde pas le lien de son Moi avec la Terre, il est bon de créer un contrepoids dans le domaine physique où le danger de cet égocentrisme est moins important que dans le domaine moral. La consommation de sucre crée donc une sorte d'égoïté innocente, pourrait-on dire, qui peut former un contrepoids à l'oubli de Soi nécessaire dans le domaine moral et spirituel. Sinon la tentation serait trop facile que l'homme ne soit pas seulement détaché de son Soi personnel, mais qu'il devienne aussi rêveur, songe-creux, et qu'il perde la faculté de juger sainement des conditions terrestres. C'est pourquoi une certaine quantité de sucre dans la nourriture contribue à donner la possibilité, malgré toute l'attraction que le monde spirituel exerce sur lui, de garder les pieds sur terre et de cultiver une saine vision des choses terrestres.

Vous voyez, les choses sont compliquées ; mais tout est compliqué quand on veut pénétrer les secrets réels de la vie. Ainsi, celui dont l'âme progresse dans le travail anthroposophique sent parfois qu'il a besoin de sucre pour ne pas s'exposer à perdre sa personnalité par un faux détachement de soi. Et il peut alors se dire : je me procure quelque chose qui, sans que je me diminue moralement, comme involontairement, selon un instinct supérieur, me donne une certaine solidité, une certaine égoïté. En somme on peut dire que le sucre renforce le caractère de la personnalité. On peut même fortement le soutenir, parce qu'on pourrait dire que les hommes qui, dans une certaine mesure (qui naturellement doit rester dans des saines limites), reconnaissent la valeur du sucre, ont plus de facilité à imprimer leur caractère personnel dans leur corps physique que les autres. Et ces choses peuvent même aider à comprendre des observations faites dans le monde extérieure : dans des pays où selon la statistique on consomme peu de sucre, les hommes ont une personnalité moins marquée que dans ceux où l'on en consomme davantage. Si vous allez dans les pays où les hommes sont plus personnels, où chacun se sent pour ainsi dire bien en soi et que, de là, vous passez dans des pays dont les habitants présentent plutôt le type général du peuple, sont plus impersonnels déjà dans leur nature physique extérieure, vous trouverez que dans les premiers pays, on mange beaucoup de sucre et dans les seconds, très peu.

Si nous voulons avoir sur les substances alimentaires des expériences plus frappantes encore, nous pouvons considérer certains stimulants, le café et le thé particulièrement. Mais ce que l'homme ordinaire ressent par l'usage du café et du thé, l'anthroposophe qui évolue le ressent dans une mesure bien plus forte. Comme on l'a déjà dit, tout cela n'est pas une polémique pour ou contre le café, mais seulement une description des choses telles qu'elles sont, et je demande qu'on ne les prenne que dans ce sens. Dans la vie tout à fait normale de l'homme, le café agit déjà comme un stimulant sur la nature humaine ; le thé également. Mais ces stimulants qui agissent sur l'organisme sont ressentis d'une manière plus active par l'âme en voie de développement. Du café par exemple on peut dire que son action sur l'organisme humain consiste à soulever d'une certaine manière le corps éthérique hors du corps physique, mais de telle sorte que le corps physique est ressenti comme une base solide pour le corps éthérique. C'est là l'effet particulier du café : il rend les deux corps plus distincts mais de telle façon que le corps physique rayonne les particularités de sa forme dans le corps éthérique où il est ressenti comme une base solide. Ceci n'est pas dit en faveur du café car en fin de compte, il ne s'agit que du fondement physique et l'homme ferait de lui-même un être sans indépendance réelle s'il voulait se rendre maître de soi au moyen du café. Il s'agit simplement de caractériser l'influence de ce stimulant. Mais toutefois, parce que la pensée discursive, la logique du raisonnement dépend fortement de la structure et de la forme du corps physique, l'action propre du café, qui accuse nettement les particularités de la structure du corps physique, favorise physiquement et renforce l'enchaînement logique, la suite logique des pensées qui sont liées aux faits. Et, bien qu'on puisse douter qu'il soit très bon pour la santé de boire beaucoup de café, pour ceux qui veulent s'élever dans les hautes régions de la vie spirituelle, il n'est pas tellement mauvais. Il peut même être très bon d'avoir parfois recours à lui pour affermir la logique du raisonnement. On pourrait même dire qu'il paraît tout naturel que celui dont la profession est d'écrire et qui n'arrive pas à tirer de sa plume la suite logique, d'une phrase à une autre, s'aide à ce moment-là de la stimulation due au café. La chose est très compréhensible pour celui qui peut en observer le fondement occulte secret. Puisque nous sommes des habitants de la Terre, cette boisson est parfois nécessaire selon des circonstances personnelles ; il faut bien dire que le café, malgré ses inconvénients pour la santé, peut beaucoup contribuer à renforcer la stabilité. Bien qu'on ne puisse recommander le café pour acquérir cette stabilité, mais justement parce qu'il la renforce, il ne faut pas trouver mauvais que celui qui poursuit un développement anthroposophique et qui a tendance à laisser glisser sa pensée dans la confusion la rende plus ferme au moyen du café.

Il en est autrement pour le thé : il a un effet analogue sur la disjonction de la nature éthérique et de la nature physique ; mais dans ce cas, la structure du corps physique est fortement atténuée et le corps éthérique profite davantage de ses possibilités de fluctuation. Les pensées se dissocient, deviennent ondoyantes et sont moins capables de s'accrocher aux faits. Sous l'influence du thé, la fantaisie est bien stimulée, mais pas toujours dans un sens sympathique, ni fidèle à la vérité et à la réalité des circonstances. De sorte qu'il est compréhensible que si dans certaines sociétés on se laisse aller à faire beaucoup de traits d'esprit, à manifester une spiritualité brillante, l'excitation en est donnée par le thé. Et d'un autre côté, il est compréhensible aussi que lorsque l'usage du thé prédomine, il engendre une sorte d'indifférence pour ce que la saine structure de son corps physique terrestre exige de l'homme. De sorte qu'une fantaisie rêveuse et une certaine insouciance nonchalante, qui repoussent volontiers les exigences de la vie extérieure, sont facilement encouragées par le thé. Et on ne voit pas volontiers l'âme qui se développe dans le sens anthroposophique trop apprécier le thé parce que celui-ci conduit plus facilement à la charlatanerie que le café. Ce dernier rend plus stable, le premier plus charlatan bien que ces mots soient évidemment beaucoup trop rigoureux. Ce sont des choses qu'on peut ressentir grâce à la mobilité qui se manifeste dans l'enveloppe physique quand on poursuit un développement anthroposophique.

Je voudrais seulement ajouter – vous pourrez continuer à méditer ces choses ou essayer de les ressentir – que si l'usage du café renforce une certaine solidité dans le corps physique et que l'usage du thé favorise plutôt la charlatanerie, le chocolat, par exemple, encourage surtout le genre « philistin ». Le chocolat est la boisson bourgeoise par excellence ; on en fait l'expérience immédiate quand l'organisme physique devient plus mobile. Il peut pour cette raison être conseillé dans les fêtes bourgeoises et il est très compréhensible – excusez cette parenthèse – que dans les réunions de famille, pour les naissances, les anniversaires, notamment dans certains cercles, les fêtes patronales, on puisse boire justement du chocolat. Ensuite, quand nous avons bien vu l'action de ces stimulants consommés par goût, ce qu'autrement on ne considère que comme des moyens d'alimentation, nous apparaît encore beaucoup plus important par la manière dont ils projettent leurs rayonnements déjà dans la vie normale extérieure (non seulement du point de vue de la substance qui sustente le corps et le renouvelle) mais aussi parce que leurs effets nous permettent de constater ce qui a été mentionné hier : c'est-à-dire l'indépendance, la séparation des organes entre eux ; et c'est très important et très significatif.

Et là, il faut particulièrement souligner que pour une observation occulte, le rapport du corps physique avec le cœur physique devient très compréhensible. Pour l'occultiste, le cœur physique de l'homme est un organe extraordinairement intéressant et important ; car on ne peut comprendre le cœur physique humain que si l'on tient compte de toute la relation réciproque – y compris la relation spirituelle – qui existe entre le Soleil et la Terre [24]. Déjà quand l'ancien Soleil, après l'époque saturnienne, était une sorte de précurseur planétaire de la Terre, déjà à ce moment, commençait pour ainsi dire à se préparer le rapport qui existe aujourd'hui entre les deux corps célestes. Et il faut en effet avoir en vue le rapport entre Soleil et Terre parce qu'ainsi on conçoit de la manière la plus complète ce qu'est aujourd'hui la Terre telle qu'elle est d'abord nourrie des effets de l'activité solaire qu'elle prend en elle et qu'ensuite elle élabore. Les forces solaires que la Terre fait pénétrer dans la solidité rocheuse de son sol, qu'elle mêle aux couches d'air et d'eau qui l'enveloppent, à ses conditions de chaleur, à la lumière qui l'inonde, la part terrestre qu'elle prend à l'harmonie des sphères – qui maintenant n'est plus physiquement perceptible – les forces de vie qu'elle reçoit directement du Soleil, tout cela est relié aux forces internes qui agissent sur le cœur humain par la circulation du sang. Tout ce qu'exposent les théories actuelles est entièrement faux : ces théories font du cœur une pompe qui aspire et refoule le sang dans le corps de sorte qu'il faudrait voir dans le cœur l'organe qui régularise la circulation. C'est le contraire qui est vrai. Ce qui est à l'origine, c'est la circulation et par ses pulsations le cœur donne un écho de ce qui se passe dans la circulation du sang. C'est le sang qui pousse le cœur et non le cœur qui pousse le sang. Mais tout cet organisme qui se concentre dans l'activité du cœur n'est rien d'autre que le reflet microcosmique humain de ces activités macrocosmiques que la Terre reçoit d'abord du Soleil. Ce que la Terre tient du Soleil se reflète dans ce que le sang a à faire avec le cœur.

Il en est autrement par exemple avec le cerveau. Quelques-unes des correspondances du cerveau ont déjà été mentionnées hier. Le cerveau de l'homme a peu à faire directement avec ce que sont les activités du Soleil sur la Terre. Je dis directement ; mais indirectement, en tant qu'organe de perception, il a beaucoup à faire avec elles du fait qu'il perçoit par exemple la lumière extérieure et les couleurs ; cela justement, c'est la perception. Mais directement, dans sa structure, dans sa mobilité interne, dans toute sa vie intérieure, le cerveau n'a presque rien à faire avec les activités du Soleil sur la Terre. Il a beaucoup plus à faire avec tout ce qui provient d'au-delà de notre système solaire et qui rayonne sur notre Terre. Il a à faire avec les conditions cosmiques de tout le ciel étoilé, mais non avec celles plus restreintes de notre système solaire. Tout ce que nous appelons la substance du cerveau se trouve dans un rapport plus étroit avec la Lune, mais seulement dans la mesure où la Lune ne dépend pas du Soleil, où elle a maintenu son indépendance. De sorte que ce qui se passe dans notre cerveau correspond à des influences qui agissent au-delà des forces qui dans notre cœur trouvent leur reflet microcosmique humain. Le Soleil vit dans le cœur humain ; ce qui est au-delà du Soleil, dans le cosmos, vit dans le cerveau humain.

Par ces deux organes, l'homme est donc un microcosme : avec son cœur il est exposé aux activités solaires exercées sur la Terre et il les reflète ; mais dans son cerveau, il jouit d'une vie intérieure reliée directement au cosmos extérieur au Soleil. C'est là une relation extrêmement intéressante et très significative. Le cerveau n'est en rapport avec ce que le Soleil réalise sur la Terre que par la perception extérieure ; mais celle-ci est surmontée par le développement anthroposophique qui triomphe du monde des sens. Par ce moyen, le cerveau se libère dans une vie intérieure qui est tellement cosmique que même le Soleil est quelque chose de beaucoup trop particulier pour que son activité puisse y agir. Quand l'homme s'adonne à la méditation, à une quelconque imagination, dans son cerveau interviennent des processus qui n'ont rien à faire avec le système solaire, mais qui correspondent à des processus extérieurs à notre système solaire. Ainsi, une certaine relation s'établit en fait entre le cœur et le cerveau comme celle qui existe entre le Soleil et le ciel stellaire ; et sous un certain rapport, cela se montre dans l'expérience de l'âme qui se développe parce que, tandis qu'elle est intérieurement adonnée dans son recueillement à la pure pensée anthroposophique, le cœur forme une sorte de pôle opposé, pourrait-on dire, avec le cerveau lié aux étoiles. Cette opposition s'exprime par ce que l'homme ressent comment le cœur et le cerveau commencent à suivre des voies différentes ; jusqu'alors il n'avait pas eu besoin de diriger son attention sur chacun d'eux séparément, il les confondait pour ainsi dire, maintenant il doit commencer à y faire attention isolément.

Nous pouvons avoir une conception appropriée de la situation cosmique de l'homme, quand nous observons ainsi l'enveloppe physique et que nous considérons la manière dont il se tient ici, sur Terre. Sur Terre, par la circulation du sang et le cœur, vit en lui tout ce que le Soleil a à faire avec la Terre. Et quand il est entièrement adonné intérieurement aux choses pour lesquelles sur Terre il doit utiliser son cerveau physique, dans celui-ci vivent des processus cosmiques qui se jouent en dehors de notre système solaire. Nous comprendrons alors que l'homme ait une toute nouvelle expérience vis-à-vis du cœur et du cerveau. Ses impressions se différencient nettement de sorte qu'il apprend, d'une part, à ressentir tout ce qui est processus du cerveau dans le cours tranquille que le ciel nocturne lui montre avec ses étoiles et, d'autre part, à ressentir la mobilité du système solaire dans son cœur. Et cela vous révèle aussitôt un chemin qui, à un haut degré d'initiation devient un chemin important car vous voyez en quelque sorte s'ouvrir les portes qui mènent de l'homme au cosmos. L'homme qui grâce à un développement ésotérique tel qu'il est décrit même dans des conférences exotériques sort de lui-même et regarde du dehors son propre corps physique dont il apprend à connaître à fond les processus, cet homme apprend en fait à voir dans la circulation du sang avec l'activité du cœur, un reflet des forces secrètes du système solaire ; et les phénomènes du cerveau qu'il contemple du dehors spirituellement, lui montrent les mystères du cosmos.

Ce que j'exprime ainsi dans cette dernière phrase est lié à une remarque que j'ai faite un jour à Copenhague et qui est reproduite dans mon livre *Les Guides spirituels de l'homme et de l'humanité* [25]. Vous pourrez saisir ainsi que, sous un certain rapport, même la structure du cerveau est une sorte de reflet de la disposition des corps célestes qui est présente à la naissance pour le point de la Terre où l'homme est né. Il est utile de revenir sur ces choses d'un point de vue différent parce qu'alors vous pouvez avoir une idée de l'étendue de la science occulte et du caractère mesquin de nombreuses critiques qui lui sont faites quand, d'un point de vue ou d'un autre, une telle remarque est faite. Certes, un fait aussi important que celui du reflet du monde stellaire dans le cerveau humain peut être expliqué d'un certain point de vue et, il peut paraître comme arbitraire. Quand ensuite, d'autres points de vue se présentent et que tous se soutiennent mutuellement, vous avez là une sorte de preuve du fait avancé. Vous découvrirez encore beaucoup de courants de science occulte qui semblent s'écarter, puis se rejoignent, fournissant ainsi une preuve de plus en plus solide, même pour la raison extérieure, au sujet de choses qui exposées d'un seul point de vue peuvent paraître risquées. Mais en cela se révèle aussi la délicate précision de toute la structure humaine. Et si maintenant vous réfléchissez que l'homme assimile de la nourriture et, du fait de cette assimilation, s'unit pour ainsi dire entièrement à la Terre ; qu'il ne s'en libère à nouveau que par quelques substances, notamment par la nourriture végétale ; si vous réfléchissez que l'homme par son alimentation doit se faire citoyen de la Terre, vous saisirez la triple organisation de l'homme en ce qui concerne son enveloppe physique : par son cerveau, il appartient au ciel stellaire entier, par son cœur et tout ce qui s'y rapporte, il appartient au Soleil, par son système digestif, il est un être terrestre [26].

Cela peut être expérimenté quand l'enveloppe extérieure physique devient plus mobile. En particulier, par ce qu'il prend en lui de la Terre, l'homme peut très bien pécher contre les forces pures du cosmos qui se reflètent en lui. Il peut par exemple par sa nourriture provoquer des troubles dans les pures lois qui règlent sa digestion et qui agissent au-delà, sous la forme des lois solaires dans l'activité du cœur, et sous la forme de lois cosmiques dans l'activité du cerveau. Il peut pécher gravement contre les activités cosmiques de son cerveau ; et l'âme en voie de développement peut le ressentir au moment du réveil. Déjà l'activité de la digestion pénètre pendant le sommeil jusque dans le cerveau ; au réveil, les forces de la pensée travaillent le cerveau et l'activité de la digestion recule. Quand la pensée reste inactive pendant le sommeil, l'activité de la digestion agit dans la conscience et quand l'homme se réveille il en perçoit un écho qui peut fournir à l'âme un baromètre exact sur le caractère sain ou malsain de la nourriture. L'homme le perçoit en quelque sorte dans son organisme, par l'apparition dans le cerveau de sentiments lourds ou irritants ressentis quand on a mangé quelque chose qui ne convient pas, comme de petits centres d'engourdissement dans le cerveau. Tout ceci est ressenti de la manière la plus délicate par l'âme qui se développe ; et je peux dire que le moment du réveil est d'une importance énorme pour la perception des conditions de santé du corps physique qui dépendent de la digestion. Par des impressions de plus en plus fines, qui se localisent à l'intérieur de la tête, l'homme perçoit si dans sa nutrition il s'oppose aux lois cosmiques extérieures à notre système solaire ou s'il est en accord avec elles. Vous trouvez ici la relation étonnante qui existe entre l'enveloppe physique et le cosmos tout entier ; et le moment du réveil se révèle comme un baromètre à l'usage de celui qui contredit les conditions cosmiques dans sa digestion ou qui est en accord avec elles.

Ces observations seront peu à peu dirigées vers les transformations qui s'opèrent dans les corps éthérique et astral par le développement ésotérique ou anthroposophique [27].

La conférence suivante fait partie de
GA 230 *L'homme les animaux et les êtres élémentaires*
(Triades).

ALIMENTATION, GUÉRISON, DÉVELOPPEMENT SPIRITUEL

Dornach, le 9 novembre 1923

Lors des conférences que j'ai faites récemment vous avez pu constater que tout tend à faire une synthèse des phénomènes de l'univers, afin que s'en dégage finalement une vraie connaissance générale de l'être humain. Tout ce que nous avons étudié conduit à une véritable anthropologie. Celle-ci n'est possible que si elle commence par les formes inférieures du monde des phénomènes, c'est-à-dire par le monde matériel tel qu'il se dévoile à l'homme. Toute considération qui débute par l'observation du monde matériel doit nécessairement aboutir en fin de compte à la perception du monde des hiérarchies [28]. Ce qui peut conduire à une vraie connaissance de l'homme doit être dégagé des formes les plus primitives de la matière et s'étendre aux formes les plus élevées de l'existence spirituelle, doit s'étendre jusqu'au monde des hiérarchies supérieures. Nous allons dresser maintenant une sorte d'esquisse en vue d'une telle connaissance de l'être humain.

Nous devons nous rappeler que l'homme, tel que nous le voyons aujourd'hui, est le produit d'une longue évolution cosmique que j'ai toujours décrite comme un passage par les stades de Saturne, du Soleil, de la Lune puis de la Terre. La phase terrestre n'est pas encore achevée. Il est important de savoir clairement de quoi l'homme est redevable à la phase terrestre qui a succédé à la phase lunaire de l'évolution.

Lorsque vous étendez les bras et que vous les mettez en mouvement, lorsque vous remuez les doigts, lorsque vous exécutez n'importe quel mouvement extérieur, vous devez savoir que l'homme doit tout cela à l'évolution terrestre. Cela est vrai aussi pour tout ce qui se déroule à l'intérieur de votre organisme, étant donné que c'est bien lui qui est à l'origine du mouvement des bras, des jambes, de la tête, des lèvres etc. – Les forces nécessaires à ces manifestations résident dans les régions les plus intimes de l'organisme – tout cela a été donné à l'homme par l'évolution terrestre proprement dite. D'autre part lorsque vous observez le métabolisme, lorsque vous portez votre regard dans l'espace circonscrit par la peau humaine, lorsque vous examinez le métabolisme qui se déroule à l'intérieur du corps physique humain, vous y trouvez une image de ce que l'homme doit à l'évolution lunaire. Maintenant vous obtenez une image de ce que l'homme doit à l'ancienne évolution solaire, lorsque vous observez tout ce qui est lié aux processus rythmiques de l'homme. La respiration et la circulation du sang sont les processus rythmiques les plus importants. Tous ces processus rythmiques, l'homme les doit à l'ancienne évolution solaire. Enfin, le développement du système neurosensoriel qui est réparti sur l'ensemble du corps humain actuel, l'homme le doit à l'ancienne évolution saturnienne [29].

Ceci dit, il ne faut pas oublier que l'homme forme un tout, de même que l'évolution de l'univers forme un tout. Lorsque nous faisons allusion aujourd'hui à l'évolution sur l'ancien Saturne, telle que je l'ai esquissée dans ma *Science de l'occulte,* nous pensons à un stade d'évolution qui, dans un passé très reculé, a précédé les stades solaire, lunaire et terrestre. Or il ne s'agit là au fond que de l'une des évolutions de Saturne, celle qui a abouti à la Terre. Au cours de l'évolution terrestre actuelle une autre phase saturnienne apparaît. Cette nouvelle évolution saturnienne se déroule au sein de l'évolution terrestre et constitue en quelque sorte la phase saturnienne la plus récente, alors que celle qui est à l'origine de la formation de la Terre est la plus ancienne. La phase saturnienne qui s'est déroulée dans l'ancien Soleil est plus récente, celle qui s'est déroulée dans l'ancienne Lune est encore plus récente, et le Saturne qui remplit actuellement la Terre et qui est pour l'essentiel lié à l'organisation calorique de la Terre est le stade le plus récent. Par toute notre nature humaine nous sommes insérés dans cette évolution saturnienne.

Nous sommes insérés entièrement dans l'évolution cosmique, mais nous sommes également plongés dans l'espace terrestre qui nous enserre. Prenez par exemple le cas du règne minéral. Nous entretenons des échanges avec lui. Sous forme d'aliments nous consommons de la substance minérale. Nous l'absorbons par ailleurs aussi lors de la respiration. Nous transformons en nous cette substance minérale.

Or toute évolution, tous les processus de l'univers sont différents selon qu'ils s'accomplissent à l'intérieur ou à l'extérieur de l'homme. J'ai déjà indiqué qu'il est ridicule d'étudier des processus chimiques en laboratoire et d'imaginer ensuite que ces processus se prolongent à l'intérieur de l'homme lorsqu'il absorbe des aliments. L'homme n'est pas simplement le réceptacle dans lequel se concentrent certains phénomènes chimiques. À l'intérieur de l'homme tout se transforme [30]. D'un certain point de vue, cette transformation peut être esquissée de la façon suivante.

Supposons que nous absorbons des substances minérales. Cela doit conduire à l'expérience suivante. Vous savez que notre propre température, la chaleur du sang chez tout être humain sain, est d'environ 37 degrés. La température de notre sang dépasse en moyenne quelque peu celle du milieu extérieur. Tout ce que nous absorbons de minéral doit être transformé dans notre organisme, doit être métamorphosé de telle sorte que la température de notre sang qui dépasse celle du milieu extérieur soit disposée à absorber la substance minérale.

Lorsque vous consommez un grain de sel, il faut que celui-ci soit absorbé, non par la chaleur que vous avez en commun avec le monde extérieur, mais par votre propre chaleur. Toute substance minérale doit se transformer en éther de chaleur. Chaque fois que l'homme fait dans son organisme quelque chose qui empêche la transformation de la substance minérale en éther de chaleur, l'homme tombe malade.

Voyons maintenant le règne végétal et ses effets sur l'homme. L'homme absorbe des substances végétales. Il appartient lui-même au règne végétal, dans la mesure où il développe en lui-même le végétal. L'homme contient de la substance minérale qui tend sans cesse à devenir éther de chaleur. La substance végétale, par contre, tend sans cesse à devenir aérienne, gazeuse. L'homme porte donc en lui l'élément végétal sous la forme de l'air. Toute substance végétale qui pénètre dans l'homme ou tout ce qu'il développe en lui de végétal doit devenir aérien, doit pouvoir prendre en lui la forme aérienne. Lorsque cela ne se réalise pas, lorsque son organisme empêche le végétal de se transformer en élément aérien, l'homme tombe malade.

Toute substance animale que l'homme absorbe ou qu'il développe lui-même à l'intérieur, tout cela doit, du moins à un certain moment, se transformer chez l'homme en liquide, doit prendre la forme aqueuse. L'homme ne doit rien conserver en lui qui soit de nature animale, ni substances animales produites à l'intérieur, ni substances animales prélevées dans le règne animal ; il ne doit rien conserver de ce qui n'a pas été transformé en liquide. Si l'homme n'est pas en mesure de rendre liquide la substance animale absorbée ou celle qu'il a lui-même produite, pour ensuite la ramener à l'état solide, alors l'homme tombe malade.

Une seule chose a le droit de se solidifier, de se fixer dans une forme : ce qui engendre en l'homme la forme humaine, ce qui est à l'origine de la station verticale de l'être, ce qui est à l'origine des facultés de parler et de penser, bref ce qui fait qu'il est véritablement homme et l'élève au-dessus du règne animal. Or cela fait tout au plus 10% de notre organisme. Dès qu'un élément animal ou végétal s'introduit dans la forme solide de l'être humain, celui-ci tombe malade.

Tout ce qui est minéral en l'homme doit devenir éther de chaleur. Tout ce qui est végétal doit transiter par le stade aérien. Et tout ce qui est substance animale doit transiter par le stade liquide. Seul l'élément humain peut conserver la forme terrestre solide. C'est là un des mystères de l'organisme humain.

Pour l'instant, laissons de côté – nous y reviendrons ultérieurement avec plus de détails [31] – laissons de côté ce que l'homme doit à la phase terrestre, et voyons plutôt ce qu'il en est de son organisation des échanges. Certes, c'est pendant la phase terrestre qu'il transforme son métabolisme, mais le germe de son système métabolique lui vient de l'ancienne Lune. Prenons le métabolisme, entendu dans un sens restreint, tel qu'il se déroule dans l'espace délimité par la peau humaine. Ce métabolisme, auquel il faut ajouter les excrétions, est constamment modifié par l'absorption des aliments. Ceux-ci se trouvent d'abord à l'extérieur de l'homme, puis pénètrent en lui et s'insèrent dans ce système métabolique.

Ce système des échanges absorbe ce qui est dans l'entourage de l'homme, puis transforme cette matière en matière humaine. Le métabolisme se met à transformer ce qui est minéral et à le rapprocher de l'éther de chaleur ; puis il se saisit du végétal pour le rapprocher des senteurs, de l'élément gazeux, aérien ; ensuite il se met à transformer ce qui est de nature animale, notamment la viande animale, et à le rapprocher de l'élément aqueux ; et finalement son action porte sur l'élément proprement humain pour en faire une forme organisée solide. Tout cela relève des tendances du métabolisme. Dans ce contexte l'étude du métabolisme s'avère extrêmement intéressante.

Lorsque nous absorbons le métabolisme jusqu'au niveau de la respiration, nous découvrons que l'homme produit en lui le carbone que l'on trouve partout dans le corps humain. L'oxygène va à sa rencontre et le transforme en gaz carbonique que l'homme exhale ensuite [32]. Le gaz carbonique est la combinaison du carbone et de l'oxygène. L'oxygène inspiré s'empare du carbone et l'absorbe ; au cours du processus de respiration l'homme rejette le gaz carbonique qui résulte de l'union entre l'oxygène et le carbone. Mais avant d'être exhalé, le carbone agit pour ainsi dire en bienfaiteur de la nature humaine. En s'unissant à l'oxygène, en reliant en quelque sorte ce qui produit la circulation sanguine et ce que la respiration en fait, ce carbone devient le bienfaiteur de l'organisme humain, car avant de le quitter il répand dans tout cet organisme une effusion d'éther. La science classique dit simplement que le carbone est expulsé avec le gaz carbonique. Or cela n'est qu'un des aspects du processus. L'homme rejette le gaz carbonique, mais dans tout son organisme se dépose un résidu du carbone sollicité par l'oxygène : l'éther. Cet éther pénètre dans le corps éthérique de l'homme. Et cet éther qui est sans cesse engendré par le carbone est ce qui rend l'organisation humaine capable de s'ouvrir aux influences spirituelles et de recevoir les effets des forces astrales-éthériques du cosmos. Cet éther que le carbone dépose attire les impulsions cosmiques qui ont un effet formateur sur l'homme et qui donnent par exemple à son système nerveux une structure le rendant capable de servir de support aux pensées. Cet éther doit continuellement imprégner nos organes des sens, par exemple nos yeux pour qu'ils puissent voir et accueillir l'éther de lumière venant du dehors. C’est grâce au carbone que nous avons en nous une disposition éthérique qui nous rend réceptifs à l’égard du monde [33].

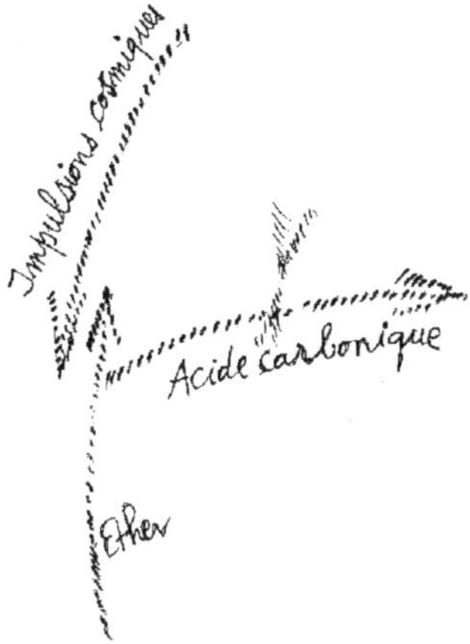

Tout cela se prépare déjà dans le système métabolique. Mais ce système des échanges qui appartient à l’être humain est inséré de telle manière dans l’ensemble du cosmos qu’il ne pourrait pas exister par lui-même. Le métabolisme ne saurait exister isolément. C’est pourquoi son germe n’a pu être formé qu’à la troisième phase de l’évolution. Le premier germe, celui du système neurosensoriel, a été formé pendant la phase de l’ancien Saturne ; le second germe, celui du système rythmique, a été formé pendant la phase de l’ancien Soleil ; et c’est seulement après la réalisation de ces autres systèmes que le système métabolique a pu être développé chez l’homme, étant donné que le métabolisme ne peut pas exister isolément. En faisant abstraction des mouvements arbitraires, nous voyons que c'est en relation avec le cosmos que le système métabolique a été agencé à l'intention de l'homme, de la nutrition [34]. Or cette nutrition ne saurait exister pour elle-même. L'homme a besoin de cette nutrition, mais isolément elle n'a aucune existence. Lorsqu'on étudie le métabolisme chez l'homme, et vous verrez lors des prochaines conférences à quel point cela est nécessaire pour l'ensemble de l'organisation humaine, on constate que ce système entretient constamment toutes sortes de tendances visant à rendre l'homme malade. L'origine des maladies internes, donc de celles qui ne résultent pas de lésions extérieures, doit toujours être cherchée dans le système métabolique. Celui qui veut vraiment se livrer à une observation rationnelle des maladies doit prendre comme point de départ le système métabolique, et il doit au fond interroger chacune des manifestations du métabolisme et lui poser la question : à quel point du chemin te trouves-tu ? Nous avons à examiner chacun des très nombreux processus : il y a d'abord l'admission des aliments dans la bouche, puis la transformation des aliments et la mutation de certaines substances en amidon et en sucre, etc. Puis il y a l'enveloppement des aliments dans la bouche par la ptyaline, puis l'action de la pepsine dans l'estomac, et encore à l'intérieur du système digestif l'élaboration des produits du métabolisme, leur passage dans les vaisseaux lymphatiques, leur passage dans le sang. Il y a encore le mixage des produits du métabolisme avec les sécrétions pancréatiques, puis le mélange avec les sécrétions de la bile, etc. [35] Nous devons demander à chaque processus : que veux-tu réellement ? Et il nous répondra : lorsque je suis seul, je suis un processus métabolique qui rend toujours l'homme malade. Dans la nature humaine aucun processus métabolique ne doit se dérouler jusqu'au bout, car tout processus métabolique qui parvient jusqu'à son terme rend l'homme malade. La nature humaine n'est saine que si les processus métaboliques sont stoppés à un certain niveau.

Le fait que dans l'homme commence quelque chose qui le rend malade si le processus n'est arrêté à mi-chemin peut nous sembler d'abord être un non-sens de l'organisation cosmique. Or lors des prochaines conférences [36] nous découvrirons qu'il s'agit en réalité d'une disposition des plus sages qui soient. Pour le moment nous allons examiner ce qui se passe réellement et tenir compte de ce que les détails des processus métaboliques peuvent nous révéler lorsque nous en saisissons la nature intime. Ils nous diraient : nous sommes en train de rendre malade l'ensemble de l'organisme. Chaque processus du métabolisme, s'il n'est pas arrêté, rend malade l'organisme. Pour que le métabolisme puisse exister chez l'homme, d'autres processus sont nécessaires, des processus dont les dispositions doivent avoir été développées préalablement. Il s'agit des processus circulatoires. Le système circulatoire contient en permanence des processus de guérison. On peut donc décrire l'homme en disant de lui que pendant la phase d'évolution sur l'ancienne Lune il est né comme patient, et que pendant la phase d'évolution sur l'ancien Soleil sa nature a été imprégnée par le principe guérisseur. Durant l'évolution de l'ancien Soleil, la nature spécifique de l'homme était celle d'un médecin. L'évolution cosmique a vraiment fait preuve d'une grande sagesse en créant le guérisseur avant le patient, car durant l'évolution sur l'ancienne Lune, l'homme a en effet assimilé la nature du patient. Pour décrire l'homme de façon juste, il faut remonter des processus métaboliques aux processus circulatoires, à tout ce qui sous forme d'impulsions est à la base des processus de circulation. Telle substance accélère la circulation telle autre la ralentit. Il existe même en nous des processus circulatoires infimes. Prenez n'importe quelle substance minérale, l'or par exemple ou le cuivre. Administrée à l'homme par voie interne, par injection ou sous toute autre forme, c'est chaque fois une occasion d'agir sur la circulation, de la modifier et d'obtenir un effet bénéfique. La modification que chaque substance du milieu extérieur provoque dans le système de la circulation, c'est justement cela qu'il faut connaître pour pouvoir saisir les processus de guérison chez l'homme. En conclusion nous pouvons dire que la circulation est un processus incessant de guérison.

Si vous le désirez, vous pouvez en quelque sorte le calculer. Rappelez-vous ce que je vous ai déjà dit : l'homme a en moyenne 18 respirations par minute. Cela reflète une adaptation extraordinairement régulière au cosmos puisque le nombre de respirations par jour correspond au rythme de la circulation du Soleil dans son parcours tout au long d'une année solaire. À partir du point vernal, le soleil met 25'920 années pour parcourir un cycle complet. L'homme d'âge moyen compte à peu près 25'920 respirations par jour. Les battements du pouls sont quatre fois plus nombreux. L'autre circulation, celle qui est plus concentrée à l'intérieur, est influencée par le métabolisme. Pour sa part, le rythme respiratoire règle les rapports extérieurs de l'homme avec le monde alentour, les échanges avec le monde extérieur. Ce rythme de la respiration doit constamment maîtriser le rythme circulatoire pour le maintenir à la proportion de quatre à un, sinon le rythme circulatoire de l'homme se dérègle, devient irrégulier et n'atteint pas le nombre de 103'680. Il ne serait alors pas en accord avec le cosmos, et l'homme se retirerait du rythme cosmique. Le système métabolique de l'homme l'arrache au rythme cosmique, le rend étranger au cosmos, alors que le rythme respiratoire le replace sans cesse dans le cosmos. Cette répartition et cette domination du rythme circulatoire par le rythme de la respiration nous révèlent le processus originel de toute guérison qui se déroule continuellement dans l'homme, il faut en quelque sorte venir en aide au processus respiratoire qui se prolonge très généralement à travers tout le corps, lui venir en aide afin de lui permettre de dompter partout en l'homme le processus circulatoire et de le ramener aux proportions générales qui règnent dans le cosmos.

Nous pouvons donc dire que nous passons de la nutrition à la guérison, étant donné que sous l'influence venant d'en bas l'homme a toujours eu tendance à tomber malade, alors que son organisme médian, son système circulatoire doit constamment développer la tendance à sauvegarder la santé. Le fait que dans la partie médiane de notre organisme naissent sans cesse les impulsions de guérison, ce fait n'est pas sans conséquence pour le système neurosensoriel centralisé dans la tête. Nous avons donc un troisième système, le système neurosensoriel. Quelles sont les forces que nous trouvons dans ce système neurosensoriel ? Nous y trouvons les forces que le guérisseur qui est en nous, pourrait-on dire, dépose en nous. D'une part il a un effet salutaire sur le système métabolique. Mais par cet effet bénéfique sur le processus des échanges, il entreprend quelque chose qui est soumis à l'appréciation du cosmos tout entier. Ce que je vous indique là n'a rien de fantasque, mais ce que j'évoque est une réalité incontestable. Ce processus ininterrompu d'action de guérison vers le bas éveille un sentiment de plaisir de la part des hiérarchies supérieures [37]. Cela traduit la joie des hiérarchies supérieures pour ce qui se déroule ici-bas. Elles abaissent leur regard vers le monde terrestre et sentent continuellement ce courant de maladie qui monte de l'élément terrestre et envahit l'être humain, elles ressentent ce qui perdure des propriétés terrestres des substances. D'autre part elles voient comment les impulsions qui émanent des forces agissantes au sein du terrestre et qui se situent dans l'air atmosphérique ont une action ininterrompue de guérison. Cela engendre chez les hiérarchies supérieures un sentiment de satisfaction.

Représentez-vous maintenant tout ce que vous pouvez étudier de ce corps céleste qui a été placé aux confins de notre système planétaire et qui constitue l'objet le plus noble de toute recherche spirituelle. Au centre nous trouvons le noyau porteur des forces qui, lorsque nous les imaginons concentrées sur terre, sont celles qui provoquent la maladie, et alentour nous avons les forces de guérison.

Celui qui est suffisamment réceptif pour de tels phénomènes aperçoit dans les anneaux de Saturne la gravitation circulaire des forces de santé. Cela il ne saurait le voir aussi nettement autour du globe terrestre, du fait qu'il est lui-même placé dans ces forces. Cet anneau de Saturne est d'une réalité très différente de ce qu'en pensent les astronomes. Cet anneau de Saturne correspond à une force de santé, et le noyau de cette planète correspond à une concentration extrême de forces morbides, de forces qui engendrent la maladie.

Dans Saturne qui se trouve aux confins de notre système planétaire se déroule le même processus que celui que nous portons en nous par le jeu de notre métabolisme et de notre organisme circulatoire. En observant cela, nous constatons que notre regard s'oriente vers le monde de la deuxième et de la première hiérarchies : Dominations, Vertus, Puissances, pour la deuxième ; Séraphins, Chérubins, Trônes, pour la première. Lorsque notre regard spirituel consacre son attention à la planète Saturne et à son anneau, nous sommes dirigés vers les hiérarchies supérieures qui manifestent leur bienveillance à l'égard de ces forces qui créent la maladie et de celles qui produisent la guérison.

Cette bienveillance est une force réelle dans l'ensemble cosmique. Cette bienveillance des hiérarchies parcourt notre système neuro-sensoriel et y élabore les forces du développement spirituel de l'homme. Ce sont là les forces desquelles émane en quelque sorte la guérison continuellement active dans tout être humain. Nous retenons donc que nous avons en troisième lieu le développement spirituel.

1. Métabolisme	nutrition
2. Circulation	guérison
3. Organisation neuro-sensorielle	développement spirituel

Pour décrire l'évolution de l'homme à travers les phases de Saturne, du Soleil et de la Lune, nous sommes amenés à dire : l'homme est d'abord un esprit engendré par le cosmos ; ensuite il développe en lui le guérisseur qui peut alors recevoir le patient cosmique. Grâce à l'action coordonnée de tout cela, apparaît alors l'homme terrestre qui est libre de ses mouvements.

Chacune des branches concernées par la connaissance de l'homme doit s'inspirer d'une certaine façon de ce qui constitue le fondement de mes propos. Prenez le cas de quelqu'un qui veut bâtir un système thérapeutique, un système de médecine vraiment rationnel. Quel sera le contenu de ce système ? Bien entendu, il sera avant tout question des processus de guérison. Mais sur quelle base faudra-t-il fonder ces processus ? Sur le métabolisme et sur l'anatomie qui ne peut de toute façon être qu'une simple préparation, une condition préalable. Nous aurons encore l'occasion d'y revenir [38]. Parce qu'elle ne traite que des formes solides, même l'anatomie la plus subtile ne peut servir que de point de départ. Ces formes conduisent d'elles-mêmes à celle de l'homme. Mais dans un système rationnel de médecine il faudra d'abord étudier les processus métaboliques afin d'y déceler cette tendance permanente à engendrer la maladie. Il s'avère donc indispensable que tout système moderne de médecine doive commencer par l'étude du système métabolique, doive s'en tenir d'abord aux processus normaux du métabolisme. À partir de là, il s'agit de savoir dans quelles conditions les maladies internes peuvent résulter du fonctionnement des échanges. Par une connaissance intime des processus rythmiques on doit ensuite accéder à la vraie thérapeutique. Un système médical moderne doit commencer par l'étude des échanges organiques, et de là passer à tout ce qui est du ressort des processus rythmiques chez l'homme. Puis, aimerais-je dire, on en arrive à une sorte de couronnement de tout cela en montrant comment le développement sain des dispositions spirituelles de l'homme se fonde sur la connaissance de ce qui émane des forces de guérison. Tant que vous ne prenez pas pour point de départ les processus de guérison, vous ne pouvez pas trouver de pédagogie, c'est-à-dire d'art pour développer sainement la nature spirituelle de l'homme. En effet ces processus de guérison qui s'appliquent ici à la nature médiane de l'homme, ne sont rien d'autre que ce à quoi il faut déjà faire appel lorsqu'on pratique la pure pensée pour œuvrer au développement spirituel de l'être humain.

L'artiste au don d'éducateur doit travailler, sur un monde spirituel, avec les forces qui, condensées en forces physiques ou en forces éthériques, constituent des processus de guérison. Toute action relevant de l'art pédagogique auprès d'un enfant est une démarche fondée sur une réalité spirituelle. Lorsque je transpose cette démarche et qu'au lieu de l'exécuter en esprit je la réalise au moyen d'une substance quelconque ou que je réalise un processus, ce processus ou cette substance constituent chaque fois un remède. On pourrait dire également : la médecine est la métamorphose d'un traitement spirituel de l'homme, d'un traitement ramené au niveau des substances. Rappelez-vous des indications que j'ai données à ce sujet lors du Cours aux éducateurs [39] organisé à l'intention des visiteurs anglais. J'avais rendu attentif au fait que ce que l'éducateur entreprend commence toujours par une sorte de thérapeutique humaine générale. J'avais dit que telle ou telle mesure pédagogique peut conduire ultérieurement à des dépôts malsains de résidus du métabolisme ou à l'accumulation d'un métabolisme irrégulier. Ainsi, ce que le pédagogue entreprend, ce qui se transmet à la vie courante, cela a valeur de thérapeutique. Et l'image opposée, le contraire de la thérapeutique, ce qui monte du bas vers le haut, ce sont les processus du métabolisme.

Voyez-vous, de nos jours un système de médecine doit résulter d'une connaissance globale de l'être humain. Et cela est possible. Nombreux sont ceux qui ressentent cela. Toutefois c'est seulement lorsqu'un tel système de médecine aura effectivement été développé que l'on obtiendra des résultats. Il s'agit là d'une des plus urgentes nécessités de notre époque. En consultant aujourd'hui les manuels de médecine, vous pourrez constater qu'en règle générale ils ne débutent pas, ou très rarement, par le métabolisme. Or c'est ainsi qu'il faut commencer, sinon l'on ne peut apprendre à connaître en quoi consiste la nature de la maladie.

Toute cette affaire se présente de telle sorte qu'effectivement les processus de nutrition peuvent passer à des processus de guérison, les processus de guérison à des processus spirituels, et en retour les processus spirituels à des processus de guérison. Lorsque les processus spirituels produisent directement des perturbations du métabolisme, ces processus spirituels entrent dans un stade où ils doivent être guéris par l'organisme médian de l'homme. Tout cela s'entremêle dans l'homme, et l'ensemble de son organisme est sans cesse soumis à une extraordinaire métamorphose. Prenez par exemple les processus qui se déroulent dans cette merveilleuse circulation du sang humain. De quels processus s'agit-il ? Faites entièrement abstraction d'abord de tout le reste de l'organisme humain et considérez uniquement le sang [40] tel qu'il parcourt les artères. Prenez la forme humaine, disons le système artériel ainsi que les systèmes musculaire et osseux etc. qui s'y rattachent, en d'autres termes tout ce qui est structure solide avec le liquide qui le parcourt. Restons-en pour le moment à l'élément liquide, au sang. Il existe encore d'autres éléments liquides, mais restons-en au sang. Quels sont les processus qui se déroulent sans cesse dans ce liquide en circulation ? Les processus qui se déroulent dans le sang liquide peuvent également s'emparer des parois et des structures ou de toute formation solide chez l'homme. Dans ce cas, ce qui a sa place dans le sang se trouve alors dans les parois, dans les muscles ou dans les os, ou dans n'importe quel organe. Quel est alors l'effet de ces processus ? Ce qui devrait être dans le sang engendre dans ce cas certains phénomènes inflammatoires. Ce qui provoque sous certaines conditions des inflammations se trouve sans cesse dans le sang liquide mais alors comme un processus normal. Ce qui se présente comme inflammation s'explique par le fait que des processus qui doivent se dérouler dans le sang agissent là où ils ne devraient pas être, c'est-à-dire dans des parties solides et formées. Tout processus normal, absolument sain, dès qu'il est déplacé et se trouve là où il ne devrait pas être, est un processus qui engendre la maladie. Certaines maladies du système nerveux s'expliquent précisément par le fait que le système nerveux, qui par toute son organisation se situe à l'opposé du système sanguin, doit subir l'invasion de processus qui ont normalement leur place dans le sang. Lorsque ces processus qui se déroulent normalement dans le système sanguin débordent et envahissent les voies du système nerveux, les nerfs sont touchés par des inflammations. Cela est vrai même dans le cas de pénétrations très légères. Il s'ensuit un début d'inflammation qui peut conduire aux diverses formes de maladies du système nerveux.

J'ai dit que les processus dans les nerfs [41] sont tout à fait différents des processus opposés qui se déroulent dans le sang. Les processus dans le sang tendent à la formation de phosphore, et c'est justement le débordement de ces processus-phosphore sur les régions voisines du sang qui provoquent des inflammations. Lorsque les processus qui se déroulent à l'intérieur des nerfs débordent et envahissent les organes voisins ou le sang, il en résulte des impulsions qui provoquent les enflures. Lorsque ces processus pénètrent dans le sang de sorte que celui-ci alimente d'une façon malsaine les autres organes, alors apparaissent les enflures. Nous pouvons donc dire que toute enflure est un processus nerveux métamorphosé qui surgit là où il n'est pas à sa place dans l'organisme humain.

En fait, ce qui parcourt le nerf doit rester dans le nerf, et ce qui parcourt le sang doit rester dans le sang. Lorsque ce qui appartient au sang envahit le voisinage, cela provoque des inflammations. Lorsque ce qui appartient au nerf envahit le voisinage, cela provoque toutes sortes de formations que l'on peut résumer par le terme de tumeur ou enflure. L'important est que s'établisse un rythme juste entre les processus dans le système nerveux et le processus dans le système sanguin.

Ce n'est pas seulement dans l'ensemble que le rythme du système respiratoire contraste avec le rythme sanguin, il existe aussi dans le sang en circulation de subtils processus qui, lorsqu'ils débordent de la voie sanguine, se transforment en inflammations. Il est important que ces processus subtils entretiennent un rapport rythmique avec ce qui se déroule dans le nerf voisin, à l'image de la respiration qui doit être dans un certain rapport avec la circulation sanguine. Et dès que ce rapport entre le rythme du sang et celui du nerf est perturbé, il faut le rétablir.

C'est ainsi que se présente un domaine de la thérapeutique, de la guérison. Cela nous montre que tout doit être présent dans l'homme : la présence de la maladie appelle la présence de la force de guérison ; dans le cas de la maladie il ne s'agit de toute façon que d'un processus erroné, d'un processus qui n'est pas à sa juste place. Sans ce processus, l'homme ne pourrait pas exister. L'homme ne saurait être ce qu'il est s'il n'était pas en mesure d'avoir des inflammations, car les forces qui engendrent des inflammations doivent toujours être présentes dans le sang. C'est à cela que je pensais chaque fois que j'ai dit : toute connaissance que l'homme acquiert doit être fondée sur une anthropologie vraie et réelle. Ceci explique pourquoi toute pédagogie édifiée sur des notions abstraites est dépourvue de toute valeur. En fait, toute pédagogie devrait être élaborée à partir de certains processus pathologiques et de la possibilité de leur guérison.

Lorsqu'on connaît une maladie cérébrale et la possibilité de sa guérison, on détient l'art brut de soigner le cerveau. Bien qu'il s'agisse d'un traitement très subtil, j'utilise le terme « brut » pour indiquer qu'il s'agit d'un processus physique. C'est précisément ce principe qui s'applique à l'art de l'éducation. Ainsi, lorsqu'on cherche à fonder un séminaire pédagogique, il faudrait prévoir pour les éducateurs des études de pathologie et de thérapeutique. Cela leur permettrait d'exercer leur pensée aux données concrètes liées à la matière et leur servirait de fondement pour leurs préoccupations pédagogiques. Inversement, rien n'est plus utile à la thérapeutique, notamment à celle des maladies internes, que de savoir quel est l'effet de telle ou telle mesure pédagogique. En effet, si l'on trouve le pont vers la réalité de la substance, les méthodes de la pédagogie peuvent servir de modèle pour trouver des remèdes.

Si l'on trouve par exemple les moyens pédagogiques justes pour combattre chez l'enfant certains phénomènes de paresse qui proviennent de troubles digestifs, on s'approprie des tendances intérieures très particulières. Je parle évidemment de l'éducateur qui est pleinement engagé dans sa vocation pédagogique, et non de l'individu qui se contente de donner un enseignement superficiel et qui dès la fin de la classe ne pense qu'à se rendre au café du coin pour y oublier tout ce qui concerne l'école. Par le mode d'enseignement que l'on applique à un enfant paresseux on développe chez soi la tendance à percevoir toute l'action des processus de la tête, tous les rapports qui existent entre ce qui se passe dans la tête et les processus qui se déroulent dans l'abdomen. Et lorsqu'on étudie ensuite en minéralogie les processus qui se déroulent dans le cuivre, et la façon dont le cuivre se comporte à l'intérieur de la terre, on en vient à se dire que dans tout ce qu'exécute le cuivre en se transformant en minerais, dans toute cette formation des divers minerais et les rapports du cuivre avec les autres métaux, la force du cuivre réalise dans la terre ce que le pédagogue accomplit vis-à-vis du garçon ou de la jeune fille. Les processus du cuivre nous offrent réellement l'image de ce que fait tout pédagogue. Pour un pédagogue il est extrêmement saisissant de découvrir en toute clarté, à partir d'une démarche intuitive et de sentiment, ce qu'il fait lui-même, et de se tourner ensuite vers la nature pour y découvrir comment celle-ci, à une échelle bien plus vaste, se comporte en pédagogue : partout où des processus calcaires pourraient être gênants, les forces du cuivre interviennent. Oui, dans ces processus du cuivre, dans ces processus de formation du minerai de cuivre au sein des autres processus terrestres se manifestent sans cesse des processus de guérison. Quel enchantement de trouver quelque part de la pyrite ou d'autres minerais de cette sorte et de se dire que cela est un peu comme si l'on soumettait l'homme à un traitement juste. Là, ce sont les esprits de la nature, allant des hiérarchies supérieures jusqu'aux esprits élémentaires, qui agissent en guérisseurs et qui interviennent dans la vie là où surgissent des processus perturbateurs et malsains. On en est arrivé au point où il suffit en quelque sorte de lire, d'enregistrer ce qui se passe. Lorsqu'on observe des phénomènes extérieurs, lorsqu'on interroge telle ou telle substance au sujet de ses vertus thérapeutiques ou qu'on la convertit en médicament, on se pose tout simplement la question : où apparaît le fer, où apparaît tel ou tel métal dans les veines ? On examine alors le monde alentour et on trouve toujours que là où un métal apparaît dans une forme donnée par la nature, il comporte une vertu thérapeutique, il suffit de s'en saisir, de la prolonger, de l'appliquer à l'organisme humain, et nous réalisons une thérapeutique qui nous a été donnée en exemple par la nature.

Tout cheminement à travers le monde se présente comme une étude authentique de ce qui nourrit, de ce qui guérit et de ce qui est de nature spirituelle. La nature est le lieu où règnent sans cesse tantôt les forces de maladie et tantôt celles de guérison. C'est au-dehors, dans la nature, que l'on trouve les grands processus cosmiques de guérison. Le tout est de les appliquer à l'homme. Ainsi se présente la coopération merveilleuse entre le macrocosme et le microcosme. Ce que j'ai déjà dit à plus d'un parmi vous sous une forme ou sous une autre est profondément vrai : Veux-tu te connaître toi-même, Regarde de tous côtés dans l'univers. Veux-tu connaître l'univers, Regarde dans le tréfonds de toi-même.

Vous pouvez appliquer cette sentence à tous les domaines. Si tu veux guérir l'homme, regarde de tous côtés dans l'univers et tu verras que celui-ci développe de multiples forces de guérison. Si tu veux connaître les secrets de l'univers tels qu'ils régissent les processus de maladie et de guérison, plonge ton regard dans les profondeurs de la nature humaine. Vous pouvez appliquer cela à tout ce qui concerne l'être humain. Mais pour cela il vous faut porter votre regard sur le vaste univers et considérer l'être humain dans ses rapports vivants avec l'étendue de cet univers.

De nos jours on a pris l'habitude de procéder autrement. On se retire de la nature autant que possible. On agit de telle sorte que notre regard vers la nature est obstrué, car ce que l'on désire examiner est placé sous verre et sur une petite tablette. L'œil n'observe pas la nature extérieure mais regarde à l'intérieur de cet instrument qu'est le microscope. Le regard s'isole de la nature. On pourrait presque dire de cet instrument qu'il est un « nulloscope » puisqu'on s'interdit de regarder la nature. Du point de vue spirituel on ne sait pas si l'agrandissement qui se présente à notre œil reflète le même processus que celui qui se déroule dans la nature. Imaginez un instant que vous agrandissiez avec cet instrument une minuscule parcelle du corps humain afin de mieux l'observer. Dans ce cas vous faites avec l'homme exactement ce que vous feriez en le déchiquetant et en le morcelant à l'infini. Ce que vous feriez là pour avoir un agrandissement de l'être humain est pire que le supplice infligé aux voyageurs par Procuste [42]. Croyez-vous que ce que vous obtiendrez ainsi vous donnerait encore une image de l'homme ? Évidemment non ! Ce que vous avez sous le microscope ne reflète pas la vérité. La vérité grossie par la lentille n'est plus la vérité authentique, mais une simple illusion. On n'a pas le droit de se couper de la nature et d'emprisonner son regard. Certes cela peut être utile sous d'autres aspects, mais ne saurait contribuer à une véritable connaissance de l'être humain.

Ce que l'on obtient par ce procédé est très loin d'une vraie connaissance de la nature humaine.

La vraie connaissance de l'homme doit être recherchée par la voie que je vous ai indiquée. Il faut commencer par les processus de nutrition, passer par les processus de guérison pour atteindre le vaste domaine de la pédagogie humaine et cosmique, entendue au sens le plus large du terme. On peut dire : il faut passer de la nutrition à la guérison, puis à la civilisation et à la culture. Les processus physiques constituent la base de toute recherche, et ils sont concentrés dans les phénomènes de la nutrition ; les processus de guérison qui relèvent de l'atmosphère sont concentrés dans le système rythmique ; puis il y a encore ce qui vient d'en haut, ce qui est concentré chez l'homme dans les processus neurosensoriels. Le monde est construit selon ces trois niveaux.

Telles sont les données de base que je désirais vous présenter aujourd'hui. C'est à partir de là que nous poursuivrons notre étude. Nous verrons comment ces fondements nous permettront de nous élever jusqu'au niveau de la vie pratique pour ensuite accéder à la connaissance des hiérarchies.

La conférence suivante fait partie de
GA 230 *L'homme les animaux et les êtres élémentaires* (Triades).

SPIRITUALISATION DE LA SUBSTANCE

Dornach, 10 novembre 1923

Ce qui a été exposé jusqu'ici permet de comprendre que les rapports entre l'environnement humain et l'homme sont très différents de ce que l'on s'imagine souvent à partir des idées en cours. On a vite fait de se dire que ce qui vit dans l'entourage naturel de l'homme, ce qui fait partie des règnes minéral, végétal, animal, est absorbé par l'homme, et on croit que tout cela poursuit à l'intérieur de l'organisme humain les processus matériels que savants, physiciens et chimistes ont l'habitude d'examiner ici-bas. Il n'en est absolument pas question, car il faut savoir qu'à l'intérieur de l'espace circonscrit par notre peau nous avons à faire à un monde entièrement différent de celui qui se déroule à l'extérieur. Tant que l'on ne s'en sera pas rendu compte, on continuera à se demander comment ce qu'on a observé dans les cornues et autres instruments de laboratoire se prolonge dans l'organisme humain, et on considérera toujours l'organisme humain comme un agencement compliqué de réactions chimiques telles que celles constatées en laboratoire.

Souvenez-vous de ce que j'ai évoqué hier au cours de ma conférence. J'ai dit que tout ce qui est minéral doit être transformé dans l'homme en éther de chaleur. Cela veut dire que tout élément minéral qui pénètre dans l'organisme humain doit être transformé, métamorphosé de telle sorte que le minéral devienne pure chaleur, du moins durant un certain temps, devienne une chaleur identique à celle de l'homme lui-même et qui dépasse celle du milieu ambiant. Que nous prenions du sel ou que nous absorbions autre chose, dans l'organisme cela doit prendre la forme d'éther de chaleur, doit passer par l'éther de chaleur avant de pouvoir servir à l'élaboration, à la construction de l'organisme humain.

C'est une pure folie de penser que n'importe quel minéral qui se trouve à l'extérieur de l'organisme humain pénètre dans notre organisme et entre dans la composition de nos os, de nos dents etc. Ce qui réapparaît dans la structure humaine doit être passé préalablement par le stade fugitif de F éther de chaleur pour être ensuite retransformé en une substance vivante telle qu'elle apparaît dans l'organisme humain.

Ce processus s'accompagne d'un autre phénomène. En effet, un élément solide, par exemple, qui se transforme dans la bouche en élément aqueux puis se transforme en éther de chaleur, cet élément en se liquéfiant perd sa pesanteur et devient moins terrestre ; jusqu'à ce qu'il atteigne la former éther de chaleur, il est entièrement prêt à accueillir, à assimiler la substance spirituelle qui lui vient d'en haut, qui lui vient des éthers cosmiques.

Si vous désirez vous faire une idée de la façon dont le minéral est utilisé dans l'homme, vous devez vous dire (croquis au tableau) : Voici le minéral. Il pénètre dans l'être humain. Là il passe par le stade liquide etc. et il est transformé en éther de chaleur. Le voici devenu éther de chaleur. Cet éther de chaleur a la tendance très marquée à s'ouvrir aux forces qui rayonnent des espaces cosmiques. Il assimile donc les forces cosmiques. Celles-ci apparaissent comme les forces spirituelles qui spiritualisent ici la matière terrestre transformée en éther de chaleur. Et c'est avec l'aide de la substance terrestre transformée en éther de chaleur que pénètre alors dans le corps humain ce dont celui-ci a besoin pour sa construction.

En désignant selon l'usage ancien la chaleur par le terme de « feu », nous pouvons dire : tout élément minéral absorbé par l'être humain est élevé par lui à l'état de feu. Cet état de feu a la tendance d'assimiler les influences des hiérarchies supérieures, et c'est ensuite ce feu qui parcourt toutes les régions intérieures de l'homme et forme, en se solidifiant de nouveau, ce qui constitue la substance de base des divers organes. Rien de ce que l'homme absorbe ne demeure à l'état d'origine, rien ne conserve son caractère terrestre. Tout se transforme, notamment ce qui est d'origine minérale, au point d'être en mesure d'accueillir l'élément spirituel-cosmique, pour le solidifier ensuite avec l'aide de ce spirituel-cosmique, et redevenir terrestre.

Le phosphate de calcium que vous prélevez d'un os n'est pas du tout celui que vous trouvez dans la nature alentour ou celui que vous synthétisez en laboratoire, mais c'est le phosphate de calcium issu de ce que vous avez absorbé du dehors et qui, après avoir été métamorphosé en éther de chaleur, est ensuite entré dans la composition de l'organisme humain.

Ceci explique qu'au cours de son existence l'homme a besoin d'une grande variété de substances pour transformer en éther de chaleur, selon les exigences de l'âge, la matière inanimée. Le petit enfant serait incapable de transformer l'inanimé en éther de chaleur ; son organisme n'a pas encore assez de force. L'enfant doit encore consommer du lait, cette substance d'une nature extrêmement proche de l'organisme humain. Il a besoin du lait qu'il peut amener jusqu'à l'éther de chaleur qui permet l'élaboration plastique tellement importante lorsqu'il s'agit de former le corps du petit enfant. On ne peut comprendre la nature humaine tant qu'on n'a pas saisi que tout aliment venant du dehors doit être profondément transformé. Si vous prenez une substance extérieure et que vous cherchez à connaître sa valeur pour la vie humaine, ce n'est pas l'analyse chimique qui vous renseignera, car ce qu'il vous faut, c'est savoir combien de forces l'organisme humain doit dépenser pour amener un élément minéral extérieur jusqu'à l'état fugitif d'éther de chaleur. S'il n'en est pas capable, cette substance minérale se dépose dans son organisme, devient une substance terrestre pesante avant de se transformer en chaleur, et cette substance inorganique étrangère envahit les tissus de l'organisme humain.

Cela peut se produire par exemple, lorsque l'homme n'est pas capable de porter jusqu'à la volatilité de l'éther de chaleur ce qui est minéralisé en sucre et qui, à l'origine, était organique. Avant d'atteindre dans l'organisme le stade indispensable auquel devait participer tout l'organisme, un dépôt se forme, et il en résulte la maladie redoutable qu'est le diabète [43]. Pour chaque substance il faut se demander jusqu'à quel point l'organisme humain peut être capable de transformer en éther de chaleur les substances inanimées, soit celles qui ont déjà la forme minérale comme le sel de cuisine, par exemple, soit celles qui subissent une minéralisation comme le sucre. Lorsque cette métamorphose se réalise, l'organisme qui est enraciné dans la terre peut se relier au cosmos spirituel.

Tout dépôt de ce genre qui se fixe dans l'organisme humain sans avoir été élaboré, comme dans le cas du diabète, signifie que l'homme ne parvient pas à relier aux forces spirituelles du cosmos les substances déposées dans son organisme. Il ne s'agit là que d'un cas particulier obéissant à la règle générale selon laquelle toute substance extérieure absorbée par l'homme doit être entièrement transformée par lui. Pour préserver la santé de l'être humain il faut veiller avant tout à ce que rien ne pénètre dans son organisme et y reste en l'état, sans subir, jusqu'au dernier atome, la transformation indispensable. Ceci ne s'applique pas seulement aux substances mais également aux forces.

La chaleur extérieure, celle que nous ressentons lorsque nous touchons les objets, cette chaleur qui est celle de l'air doit être transformée de telle sorte qu'elle se trouve amenée à un autre niveau que celui de la chaleur extérieure. J'indique ici le niveau de la chaleur extérieure (esquisse) ; cette chaleur doit être transformée intérieurement lorsqu'elle est assimilée par nous afin que l'organisme puisse intervenir partout où nous ne sommes pas, c'est-à-dire dans la chaleur extérieure. L'organisme doit même intervenir dans la moindre quantité de chaleur.

Imaginez un instant ceci : je sors par un temps froid, et parce que le froid est trop rigoureux ou parce que je suis saisi de froid lors d'un courant d'air, je ne suis pas en mesure de transformer aussi vite que nécessaire la chaleur alentour en ma propre chaleur. Je risque d'être réchauffé par cette chaleur du dehors comme le sont un morceau de bois ou une pierre exposés à la chaleur extérieure. Il me faut éviter cela, je ne dois pas risquer de laisser la chaleur extérieure m'envahir comme elle le fait d'un objet. À tout instant je dois être capable de saisir la chaleur au niveau de ma peau et de la transformer pour qu'elle devienne ma propre chaleur. Si je n'en suis pas capable, je tombe malade, je souffre d'un refroidissement.

Tel est le véritable processus du refroidissement. Cette maladie correspond à un empoisonnement dû à la chaleur extérieure que l'organisme ne s'est pas appropriée.

Tout ce qui se situe à l'extérieur, dans le monde, est du poison pour l'homme, du vrai poison, et ne devient utilisable pour lui qu'après qu'il en ait pris possession au moyen de ses propres forces. C'est seulement en passant par l'homme que ces forces s'élèvent de façon humaine vers les hiérarchies supérieures. Au-dehors elles restent auprès des êtres élémentaires de la nature, auprès des esprits élémentaires. C'est dans l'homme que doit s'accomplir cette extraordinaire transformation où au sein de l'organisation humaine les esprits élémentaires peuvent transmettre leur travail aux hiérarchies supérieures. Pour le minéral, cela ne peut être le cas que si celui-ci est intégralement transformé en éther de chaleur.

Voyons maintenant ce qu'il en est du monde végétal. Lorsque l'être humain se met à contempler avec les yeux de l'esprit le monde des plantes, celui-ci se présente effectivement à lui comme quelque chose de fascinant sous bien des aspects. Nous parcourons une prairie ou entrons dans une forêt. Nous déterrons une plante avec sa racine.

Lorsque nous observons avec les yeux de l'esprit ce que nous avons prélevé dans la nature, nous pouvons admirer un complexe merveilleux et enchanteur. La racine suscite en nous la réflexion suivante : elle s'est entièrement fondue dans l'élément terrestre. Plus la racine est importante, et plus elle dévoile son caractère fondamentalement terrestre. Une racine, surtout s'il s'agit d'une betterave, par exemple, fait toujours penser à un banquier repu. Oui, c'est bien ainsi, car la racine donne l'impression d'être confortablement à sa place et d'être satisfaite d'elle-même. Elle a absorbé les sels de la terre, et de ce fait elle éprouve un sentiment de bien être. Parmi toutes les choses de cette terre, rien n'est aussi content de soi-même qu'une racine de betterave. Elle est le représentant type de toute structure racine.

La fleur, par contre, se présente autrement. Lorsqu'on la contemple avec les yeux de l'esprit, elle éveille inévitablement en nous un sentiment semblable aux tendres désirs qui animent notre âme. Prenez le temps de bien regarder une fleur printanière. À vrai dire, elle n'est que rêve et langueur, elle est l'incarnation d'un désir. Si notre sensibilité est assez subtile, tout ce monde des fleurs alentour peut nous apparaître comme recouvert d'un voile merveilleux.

Au printemps apparaissent la violette, le muguet, ou la primevère, ainsi que bien d'autres fleurs au rayonnement jaune. Cette vision nous réjouit, et c'est comme si ces premières fleurs de l'année voulaient nous dire : ô homme, vois avec quelle pureté, avec quelle innocence tu peux diriger tes désirs vers le monde spirituel. Chaque corolle printanière traduit la nature du désir, une nature du désir plongée dans un sentiment de piété.

Et lorsque des fleurs plus tardives apparaissent, disons le colchique, pour prendre un cas extrême, on doit se demander : l'âme, peut-elle regarder le colchique sans éprouver un léger sentiment de pudeur ? Ne nous rappelle-t-il pas que nos désirs peuvent devenir impurs, peuvent s'accompagner d'une multitude de sentiments impurs ? On pourrait presque dire que le colchique chuchote de toutes parts à notre oreille : ô homme, surveille le monde de tes désirs, et souviens-toi que tu peux facilement succomber au péché.

Le monde des plantes semble exister pour servir de miroir naturel à la conscience morale de l'homme. Il est difficile d'imaginer une vision plus poétique que celle de cette voix de la conscience concentrée en un seul point à l'intérieur de l'âme, de voir cette conscience se répandre à l'infini : sur les multiples formes florales qui, tout au long des saisons, adressent leur riche message à l'âme humaine. Pour peu que l'on sache regarder le monde végétal de manière juste, celui-ci apparaît comme un vaste miroir de la conscience morale.

En tenant compte de cela, il devient particulièrement important pour nous d'observer la fleur d'une plante et d'établir la différence : d'une part la fleur qui ne fait qu'aspirer à la lumière lointaine de l'espace cosmique et qui tend vers les hauteurs pour porter vers la lumière cosmique les désirs de la terre, et d'autre part la racine confortablement installée qui enchaîne la plante à la terre. C'est bien cette racine qui détourne inlassablement la plante de ses aspirations célestes et cherche à lui donner le goût du confort terrestre.

Nous apprenons à comprendre comment cela s'explique. Le cours de l'évolution de la terre nous révèle que ce qui est présent dans la racine a reçu son germe à l'époque où la Lune était encore unie à la Terre.

Alors que la Lune était encore rattachée à la Terre, les forces ancrées dans la Lune agissaient dans le globe terrestre avec une telle vigueur que les plantes ne développaient pour ainsi dire que des racines. La Lune était alors encore unie à une Terre faite d'une substance très différente de l'actuelle, et le développement se faisait dans la sphère inférieure où règne le monde des racines. On peut dire à ce sujet que la tendance végétale consistait à développer vers le bas le système racine et que la plante elle-même n'était qu'une manifestation accessoire vers le haut, en direction du cosmos (un dessin est exécuté au tableau noir). Je dirais même que les plantes ne dirigeaient vers le cosmos que de petites pousses comparables à des cheveux très fins. On a l'impression que la Lune encore unie à la Terre, que cette Lune, ces forces lunaires contenues dans le globe terrestre enchaînaient le végétal à l'élément terre. Ce qui s'était introduit alors dans la plante s'est définitivement fixé dans la disposition des racines.

Mais depuis cette époque où la Lune a quitté la Terre, l'aspiration cosmique des anciennes petites pousses fragiles qui guignaient vers le cosmos s'est développée, et elles ont manifesté leur attrait pour les lointains de l'espace, pour les vastes espaces de la lumière cosmique : c'est ainsi que se sont développées les fleurs. La sortie du globe lunaire fut pour le règne végétal une délivrance, une véritable libération.

N'oublions pas que toute chose terrestre a son origine dans le monde spirituel. Reportez-vous à la description que j'ai donnée dans mon ouvrage *La science de l'occulte* [44], et vous verrez qu'au temps de l'ancien Saturne la Terre était entièrement spirituelle, ne vivait que dans l'élément d'éther de chaleur, était exclusivement esprit. C'est à partir de l'esprit que s'est formée la Terre.

Voyons maintenant la plante. Sa forme reflète le souvenir vivant de l'évolution. Sa racine traduit sa tendance à évoluer vers le terrestre, à devenir matérielle et physique. En observant la racine, nous apprenons que son existence s'explique par le fait que la matière physique a été engendrée par l'esprit. Mais dès que la Terre s'est trouvée débarrassée de l'élément lunaire, la plante a renouvelé son attirance pour les lointains lumineux du cosmos.

Lorsque les végétaux servent d'aliments, nous leur donnons la possibilité de poursuivre correctement ce qu'ils ont déjà commencé à faire dans la nature extérieure. Ils ne se limitent plus à tenter un retour vers les lointains de la lumière cosmique mais cherchent à s'élever vers les lointains de l'esprit cosmique. C'est pour cette raison que nous devons amener les végétaux, comme je l'ai déjà dit hier [45], jusqu'à l'état aérien, gazeux, afin que les végétaux puissent satisfaire leur désir d'accéder aux lointains de la lumière et de l'esprit.

Je me promène dans une prairie. Je vois comment les fleurs tendent vers la lumière. L'homme consomme les végétaux. Ce monde qu'il a alors à l'intérieur n'est plus le même que le monde extérieur alentour.

L'aspiration que la plante exprimait extérieurement dans sa fleur, l'homme peut maintenant la réaliser à l'intérieur. Le tapis végétal qui recouvre la terre nous dévoile les aspirations de la plante. En consommant la plante, nous favorisons en nous la réalisation de son attirance pour le monde spirituel. Pour cela il nous faut élever les plantes jusqu'à la sphère de l'air afin que dans cette région plus légère elles aient la possibilité d'aller à la rencontre du spirituel.

La plante passe ici par un processus étrange. Lorsque l'homme consomme du végétal, il se produit la chose suivante : si nous avons ici (dessin) la racine, puis là ce qui transite par la feuille vers la fleur, nous avons lors de cette transformation de la plante en élément gazeux une inversion totale de la nature de la plante. La racine qui par sa vie à l'intérieur de la terre y est enchaînée, tend à s'élever ; c'est elle qui aspire le plus vers l'esprit et laisse derrière elle la tendance propre à la fleur. C'est effectivement comme si vous vous représentiez la plante s'épanouissant vers le bas, de sorte que le haut soit en bas, et le bas en haut. La plante se retourne entièrement. En elle s'opère la métamorphose qui place le bas en haut et le haut en bas. Ce qui s'est déjà développé jusqu'à la fleur et qui dans son aspiration matérielle a déjà joui de la lumière, a déjà amené la matière jusqu'à la lumière, cela doit maintenant demeurer en bas, comme une sorte de représailles. La racine qui avait été l'esclave du terrestre aspire vers les hauteurs. Elle porte en elle la totalité de l'être végétal, comme vous le savez par le *Traité de la métamorphose des plantes* [46] de Goethe.

Dès lors que l'homme est un pécheur endurci, il ne demande qu'à le rester. La racine de la plante, qui tant qu'elle est enchaînée à la terre nous fait l'impression d'un banquier repu et confortablement installé, subit immédiatement une transformation lorsqu'elle est consommée par l'homme ; elle aspire vers le haut, alors que la fleur, ce que la matière a poussé vers la lumière, doit demeurer en bas. La racine, devenue aliment, tend par sa propre nature vers la tête de l'homme, alors que ce qui se situe dans l'entourage de la fleur demeure dans les régions inférieures. Dans l'ensemble du métabolisme la fleur ne participe pas à l'édification de la tête.

Nous assistons là au spectacle remarquable et merveilleux où l'homme, lorsqu'il consomme le végétal, fait que celui-ci se transforme en air, en air qui progresse du haut vers le bas, qui fleurit en quelque sorte du haut vers le bas. Bien entendu, il n'est pas nécessaire de manger la plante entière puisque chacune de se parties contient la plante dans sa totalité, ainsi que le démontre le *Traité de la métamorphose des plantes* de Goethe.

Aux époques où l'on connaissait ces choses grâce à l'ancienne clairvoyance instinctive, on classait les plantes d'après leur constitution extérieure, selon qu'elles sont utiles à la tête humaine, et selon qu'elles ont déjà manifesté par leur racine une certaine propension à se spiritualiser. Dans ce cas, ce que nous consommons cherchera, lors de la digestion, à s'orienter en quelque sorte vers la tête, à la pénétrer afin de s'élever vers le cosmos spirituel et d'établir avec lui les liens nécessaires.

Chez les plantes qui ont déjà subi une forte pénétration par l'astralité, comme c'est le cas des légumineuses, c'est le fruit lui-même qui demeure dans les régions inférieures et qui ne cherche pas à s'élever jusqu'à la tête. Ces plantes-là rendent le sommeil pesant, et en conséquence aussi la tête lourde au moment du réveil. Et les Pythagoriciens qui voulaient rester de purs penseurs ne voulaient pas que la digestion intervienne dans la fonction de la tête et de ce fait s'interdisaient les légumineuses.

Voyez-vous, ce qui se déroule ainsi dans la nature nous permet de pressentir quels sont les liens avec ce qui se passe dans l'être humain. Lorsqu'on dispose de la science initiatique, de la science spirituelle, on se demande dans quelle mesure la science matérialiste, en parlant de l'absorption pure et simple des végétaux, peut comprendre le phénomène de la digestion chez l'être humain. Chez les ruminants la situation est différente, et nous aurons encore l'occasion d'y revenir. Chez les humains les aliments végétaux ne sont pas simplement absorbés, mais ils subissent une spiritualisation totale. Le végétal est transformé de telle sorte que ce qui est tout en bas passe en haut, et que ce qui est tout en haut passe en bas. On ne peut guère se représenter une inversion plus radicale. Dès que l'homme absorbe une infime parcelle de plante sans que celle-ci soit passée par cette inversion où le haut passe en bas et le bas en haut, il tombe malade.

Cela nous permet de voir que l'homme ne porte rien en lui qui ne soit l'œuvre de l'esprit, car à toute substance que l'homme absorbe il doit donner une forme qui permet à l'esprit d'exercer son influence.

Lorsque nous examinons la situation chez l'animal, nous devons savoir que lui-même possède un système digestif et qu'il consomme des végétaux. Voyons d'abord le cas des herbivores. L'animal absorbe le végétal. Là encore il s'agit d'un processus très compliqué, car en absorbant le végétal, l'animal n'a pas la possibilité d'opposer au végétal une forme humaine. Il s'ensuit que dans l'animal l'élément végétal ne peut pas se retourner de bas en haut et de haut en bas. L'animal a une colonne vertébrale qui est parallèle à la surface de la terre. De ce fait, ce qui doit avoir lieu lors de la digestion est complètement perturbé chez l'animal. Ce qui est en bas veut monter, et ce qui est en haut veut descendre, mais ce processus se bloque, de sorte que chez l'animal la digestion est profondément différente de la digestion humaine. Lors de la digestion animale ce qui vit dans la plante est endigué. Cela a pour conséquence que l'animal promet en quelque sorte à la plante qu'elle pourra satisfaire son désir d'accéder aux lointains du cosmos ; mais cette promesse n'est pas tenue, et la plante est refoulée vers la terre.

Du fait que dans l'organisme animal la plante est refoulée vers la terre, ce sont certains esprits élémentaires qui envahissent la plante, au contraire de ce qui se passe chez l'homme où ce sont les forces des esprits cosmiques qui l'envahissent d'en haut. Ces esprits élémentaires sont les esprits de la peur, les porteurs de la peur. Au regard spirituel se présente donc cet étonnant spectacle d'un animal qui absorbe des aliments, qui se repaît avec une profonde jouissance. Et, alors que le courant de nourriture emprunte un côté, un courant de peur dû aux esprits élémentaires de peur se répand de l'autre côté. En direction de la digestion, à travers le système digestif de l'animal s'écoule la jouissance liée à l'absorption de nourriture, et en direction opposée s'écoule un courant qui porte l'empreinte des esprits élémentaires de la peur.

C'est aussi ce que les animaux abandonnent au moment de leur mort. Et lorsque les animaux, même ceux qui n'appartiennent pas nécessairement aux groupes que j'ai déjà décrits, mais également à des groupes tels que les mammifères, les quadrupèdes, lorsque ces animaux meurent, une entité faite entièrement d'angoisse meurt en même temps qu'eux, ou comme on pourrait aussi dire, prend vie en eux. La mort de l'animal est aussi la mort de la peur, c'est-à-dire qu'alors la peur s'affranchit et prend vie. Ce qui caractérise les fauves, c'est qu'ils éprouvent déjà cette peur. Lorsqu'ils déchiquettent leurs victimes, ils ressentent de la jouissance en dévorant la chair. Lors de la consommation de cette chair, un courant de peur vient à la rencontre de cette jouissance. Chez les herbivores ce courant d'angoisse ne se manifeste qu'au moment de la mort ; chez les carnassiers par contre il se manifeste tout au long de leur existence. Il s'avère que les lions ou les tigres, par exemple, ont un corps astral entièrement imprégné d'angoisse. Ils ne la ressentent pas durant leur vie parce qu'ils la refoulent du fait qu'elle s'oppose à leur jouissance, mais au moment de la mort cette peur se manifeste. Il en résulte que les animaux carnassiers connaissent encore une survie au sein de leur âme-groupe, une survie qui représente un kamaloca [47] bien plus terrible, pourrait-on dire, que celui de l'homme. Cela tient à la nature même des animaux féroces.

Bien entendu, il faut se représenter que c'est dans un état de conscience différent du nôtre que les animaux éprouvent tout cela. Si vous commenciez par vous demander ce que peut être l'expérience du fauve, si vous vous mettiez à sa place et que vous cherchiez à savoir comment un tel kamaloca se présenterait pour *vous* et que vous jugiez ensuite l'animal d'après cela, vous apporteriez la preuve de votre mentalité matérialiste, vous succomberiez à une vision matérialiste du monde, ou plus exactement – pourrait-on dire dans ce cas – à une vision animalière. Vous vous identifieriez alors à la nature animale. Certes il s'agit de saisir ces choses si l'on veut comprendre le monde, mais on n'a pas le droit de s'identifier en quelque sorte avec ces choses comme le matérialiste s'identifie avec la matière inanimée à l'égard de tout ce qui concerne le monde.

Voyez-vous, ici commence un chapitre où je ne parle que du point de vue de la réalité de la vie intérieure, car l'anthroposophie ne se prête pas à la polémique et ne prend pas fait et cause pour telle ou telle doctrine ; l'anthroposophie se contente d'exposer la vérité. Les conséquences que chacun en tire pour son mode de vie, c'est son affaire personnelle. L'anthroposophie ne donne pas d'instructions mais expose la vérité. Même à l'intention des fanatiques, je ne proposerai jamais de directives à partir de ce qu'un animal élabore en se nourrissant de plantes. Je ne donnerai donc pas de conseils au sujet du végétarisme, de l'alimentation carnée, etc., car ces questions relèvent de l'appréciation personnelle de chacun et n'ont de valeur que lorsqu'elles sont envisagées dans le cadre de l'expérience individuelle. Si je mentionne cela, c'est pour qu'on ne dise pas que l'anthroposophie prône tel ou tel régime alimentaire, alors qu'elle ne cherche qu'à rendre compréhensible le caractère de tout régime alimentaire.

Ce que j'ai voulu montrer, c'est que nous devons amener le minéral jusqu'au stade de l'éther de chaleur, afin qu'il puisse accueillir le spirituel ; ensuite le minéral, après avoir absorbé le spirituel, construit l'être humain. Le petit enfant, je vous l'ai déjà dit, n'a pas encore la force nécessaire pour amener le minéral pur jusqu'à l'éther de chaleur. Ce travail lui est prépare, du fait qu'il reçoit du lait déjà passé par une métamorphose ; il permet donc plus facilement cette transformation en éther de chaleur. Le lait consommé par le petit enfant se répand rapidement vers la tête, et de là il développe les impulsions formatrices dont l'enfant a besoin. Souvenons-nous que chez le petit enfant toute l'organisation à son point de départ dans la tête.

Si l'homme désire maintenir l'action de ces forces formatrices également à un âge plus avancé, il a tort de vouloir le faire en ayant recours à la consommation de lait. Chez le petit enfant ce qui afflue vers la tête et est en mesure, jusqu'au changement de dentition, de rayonner dans l'ensemble du corps, cela n'existe plus chez l'adulte. Chez ce dernier c'est de l'ensemble de l'organisme que doivent rayonner ces formes formatrices. Et ces forces formatrices de l'organisme peuvent être stimulées dans leur essor par des éléments qui agissent autrement que par la tête.

Voyez-vous, la tête est close de partout. Dans cette tête se trouvent les impulsions d'enfance conduisant à l'édification du corps. Dans le reste du corps nous avons le squelette à l'intérieur, alors que les forces formatrices sont à l'extérieur (une esquisse est faite au tableau noir). Là des forces formatrices doivent être stimulées du dehors. Chez un petit enfant l'effet du lait stimule les forces formatrices principalement localisées dans la tête. Chez l'adulte ces forces n'existent pas dans la tête. Que faut-il faire alors pour que ces forces formatrices soient mieux stimulées du dehors ? Ce serait évidemment une bonne chose si ce que fait la tête à l'intérieur de la boîte crânienne, était accessible sous une forme extérieure, si quelque part au-dehors pouvait se faire ce que fait la tête à l'intérieur. Ces forces à l'intérieur sont favorables à la consommation du lait. Lorsque le lait transformé en éther est là-dedans, il existe une bonne base pour ce développement des forces de la tête. Il nous faut quelque chose de semblable au lait, mais quelque chose qui n'est pas fabriqué à l'intérieur de l'homme, mais à partir de l'extérieur.

Il existe dans la nature quelque chose qui correspond à une tête sans boîte crânienne, c'est-à-dire où du dehors agissent les mêmes forces que celles qui sont actives dans la tête et qui ont besoin du lait et même reproduisent du lait, car l'enfant doit d'abord amener le lait au stade de l'éther de chaleur pour ensuite le reproduire.

Cette tête ouverte de tous côtés, c'est la ruche. Ce que les abeilles font dans le monde extérieur, tout au plus secondées par leur habitacle, est au fond la même chose que ce que fait la tête à l'intérieur. Cette activité n'est cependant pas enfermée, mais elle est produite au dehors. Nous avons alors dans la ruche soumise aux influences spirituelles extérieures la même chose que ce que nous avons ici dans la tête sous l'influence des forces spirituelles. Le miel est déposé dans la ruche, et lorsque l'adulte le consomme, le miel lui fournit le même stimulant, les mêmes forces que le lait fournissait à la tête du petit enfant.

Chez l'enfant c'est à partir de la tête que, grâce à la consommation du lait, nous stimulons les forces plastiques. Si à l'âge adulte nous avons encore besoin de ces forces plastiques, il nous faut consommer du miel. Nous n'avons pas besoin d'en prendre d'énormes quantités, puisque la seule chose importante c'est qu'il nous transmette ses forces.

On peut donc découvrir dans la nature comment apporter à la vie humaine des impulsions stimulantes. Il suffit de bien comprendre la nature alentour. Et si l'on voulait imaginer un pays avec de beaux enfants et de beaux vieillards, quel devrait être ce pays ? Cela devrait être un pays où ruissellent le lait et le miel. Vous constatez qu'une antique clairvoyance instinctive n'avait pas tort de parler de pays convoités « où coulent le lait et le miel ».

Maintes paroles de cette sorte recèlent de profondes vérités, et il n'existe guère de plus belles expériences que le fait de se mettre d'abord en quête de vérité pour ensuite trouver une parole immémoriale dont la profonde sagesse nous éblouit, comme celle du pays où ruissellent le lait et le miel. Or ce pays où n'existent que de beaux enfants et de beaux vieillards n'est pas facile à trouver.

Pour comprendre l'homme, il faut comprendre d'abord la nature. La connaissance de la nature fournit la base de toute compréhension de l'être humain. Et là, c'est toujours la matière la plus basse qui conduit au degré le plus élevé de l'esprit. À l'un des pôles nous avons les règnes de la nature, c'est-à-dire le minéral, le végétal et l'animal, et à l'autre pôle, au pôle supérieur, nous avons les hiérarchies.

La conférence suivante fait partie de
GA 348 *Santé et maladie* (EAR).

LES EFFETS DE L'ALCOOL SUR L'HOMME

Dornach, le 8 janvier 1923

R. Steiner : Quelqu'un d'entre vous a-t-il une question qui lui tient à cœur ? Question portant sur les effets de l'alcool, ses conséquences nuisibles, etc.

Vous voulez savoir dans quelle mesure l'alcool est d'une manière générale nuisible pour la santé ? Eh bien, n'est-ce pas, vous savez vous-mêmes que les effets immédiats de l'alcool se manifestent chez l'homme par son action sur ce que nous avons toujours décrit, c'est-à-dire sur son état psychique. Sous l'effet de l'alcool, l'homme commence par entrer dans une sorte de trouble mental, dont les répercussions sont si fortes qu'il se trouve avant tout livré à des passions, qui d'habitude sont faibles et que l'entendement parvient plus facilement à dominer si bien que l'homme apparaît plus raisonnable lorsqu'il n'a pas bu d'alcool que lorsqu'il en a bu. L'alcool a tout d'abord un effet excitant sur son sang et provoque une accélération de la circulation sanguine. Tel est l'effet immédiat ; ses passions s'en trouvent stimulées. Il se met par exemple plus facilement en colère alors que d'habitude il refoule plus facilement sa colère.

Vous voyez donc que l'action immédiate de l'alcool s'exerce chez l'homme sur son entendement – et d'une manière générale sur sa vie psychique.

Puis lorsque l'alcool a séjourné un certain temps dans l'organisme, il entraîne un phénomène que vous connaissez fort bien et que l'on appelle gueule de bois. C'est précisément l'apparition de la gueule de bois qui vous apprend que l'alcool provoque tout d'abord un hérissement de tout l'organisme. Qu'est-ce que cela signifie lorsque l'homme a la gueule de bois ? Cela ne signifie pas autre chose que la personne qui, disons, s'était enivrée la veille – la gueule de bois survient généralement le lendemain matin du soir où l'on s'est enivré – et dont le sang était particulièrement mouvementé a usé beaucoup d'énergie, et ceci parce qu'elle a accéléré les mouvements de son corps, mouvements qui se seraient accomplis beaucoup plus lentement dans un état normal.

Retenez donc bien ce qui se passe au juste : supposez une activité que le corps accomplit en vingt-quatre heures. Si quelqu'un boit maintenant sa fameuse ration d'alcool, cette même activité sera peut-être accomplie en douze ou six heures. Ceci prive le corps d'activité intérieure. Ainsi existe-t-il chez les gens qui sont habitués à se griser de temps en temps une attitude instinctive qui consiste à bien manger avant que ne survienne la gueule de bois. Pourquoi font-ils cela ? Eh bien, en mangeant, soit ils évitent complètement la gueule de bois, elle ne se manifeste pas du tout, soit ils en ressentent les effets diminués si bien qu'ils sont capables de travailler le lendemain.

Que se passe-t-il chez quelqu'un qui s'est sensiblement grisé et qui mange ensuite une saucisse grillée ? Il met de nouveau son corps en activité et remplace ce qu'une activité trop rapide a épuisé. Mais s'il ne le fait pas, s'il n'est pas un buveur assez aguerri – car les buveurs aguerris font cela – s'il n'en est pas un, et qu'il oublie de manger sa saucisse grillée, il est alors atteint par la gueule de bois pour la bonne raison que son corps n'est plus capable d'exercer dans son intérieur une activité supérieure. Mais lorsque cette activité est mal exercée, il se dépose de toutes parts des déchets, notamment des dépôts d'urates. Ils se stockent notamment dans la tête parce que c'est la partie la plus difficile à approvisionner. Et par la suite, celui qui a épuisé dans la nuit l'activité qui se déroule dans son corps, son activité intérieure, se promène avec une tête semblable à ce que sont ordinairement ses intestins : un dépôt de déchets. Et cela implique que le corps se révolte immédiatement lorsqu'on exige de lui un excès d'activité dû à la consommation d'alcool.

Comme je vous l'ai déjà dit une fois dans mes conférences [48], l'être humain possède à vrai dire une capacité de résistance beaucoup plus grande – je ne fais pas à présent allusion à l'alcool mais je parle d'une manière générale – beaucoup plus grande qu'on ne le suppose habituellement. Pendant longtemps en effet, le corps peut compenser le déséquilibre. Et ceci vaut plus particulièrement à l'égard d'un antidote très trompeur, très suspect que prennent certaines personnes pour remédier à la gueule de bois. Quand elles se lèvent le lendemain avec une gueule de bois, ou qu'elles rentrent chez elles dans un tel état, que font-elles donc ? Eh bien, vous l'avez certainement déjà vu faire ; elles prennent la chope du matin en vue d'un traitement particulier, elles se remettent donc à boire.

Et que signifie le fait qu'elles se remettent à boire ? Eh bien, voyez-vous, pendant la nuit le corps a été privé d'activité du fait que le sang s'est trouvé tout particulièrement mouvementé. Le matin, cette activité fait alors défaut au corps. En échange, le fait de se remettre à boire apporte une nouvelle stimulation au corps de telle sorte que les derniers restes d'activité qui subsistent s'épuisent complètement. Étant donné que les derniers restes font partir les principaux déchets, ce qui était à l'origine de la gueule de bois disparaît jusqu'à un certain point de la tête mais se trouve d'autant plus présent dans les autres parties du corps. Seulement, les gens ressentent moins cette présence dans les autres parties du corps. Le fait de se remettre à boire le matin fait ainsi passer inconsciemment la gueule de bois dans le reste de l'organisme. Et c'est seulement lorsque cela se produit que le corps commence à souffrir d'une véritable misère. Les buveurs qui arrivent à faire passer la gueule de bois grâce à la chope du matin en sont au plus mauvais point. Car alors, si cela se répète, le corps se dégrade progressivement.

Mais il ne faut pas oublier qu'il est presque impossible – justement parce que le corps a une grande capacité de résistance – de ruiner immédiatement le corps. Par conséquent, la première chose qui se manifeste chez le véritable buveur est une sorte de délire, le delirium tremens. Cela ne mène pas encore à une destruction du corps. Lorsque survient ce delirium tremens, comme on le nomme en médecine, les hommes voient courir de toutes parts un certain type d'animaux, des souris, etc. Ils sont atteints par une sorte de délire de persécution. Le delirium tremens s'accompagne chez les gens d'une impression d'être poursuivis par de petits animaux, notamment par des souris. C'est une chose que est même entrée dans l'histoire. Il existe des tours des souris. Elles tiennent le plus souvent leur nom de la présence dans les temps anciens d'un détenu qui était atteint du delirium tremens et qui était tourmenté par des souris qui n'existaient que dans son imagination – il se peut bien qu'il y en ait eu aussi quelques-unes – car celui qui était dans la tour se voyait entouré par des milliers de souris qui n'existaient pas en réalité.

Vous voyez donc qu'il est très difficile d'assujettir complètement le corps à la destruction exercée par l'action de l'alcool. En effet, le corps se hérisse longtemps contre les méfaits causés par l'alcool.

Et on rencontre un phénomène intéressant à savoir que ces gens finissent par avoir mauvaise conscience. Admettons qu'ils se soient adonnés à la boisson pendant un certain temps, qu'ils aient pris la chope du matin et qu'ils aient eu tout d'un coup mauvaise conscience. Ils cessent alors de boire, recelant encore en eux ce peu d'énergie qui les fait s'arrêter. Que se produit-il alors ? S'ils ne souffraient pas encore du delirium tremens, c'est maintenant qu'ils vont en souffrir. Il est des plus intéressant de constater que parfois le delirium tremens apparaît justement chez celui qui cesse de boire alors qu'il s'agissait d'un buveur de longue date.

Il s'agit-là de l'un des indices les plus importants qui exige de considérer que chez l'homme la tête agit différemment du reste du corps – c'est une idée que j'ai fait ressortir à l'aide de beaucoup d'exemples lors des dernières conférences [49]. En effet, tant que l'homme conserve dans sa tête ce qui est à l'origine de la gueule de bois, son état est encore passable ; les autres parties du corps ne sont alors pas entièrement touchées. Mais une fois que le corps est touché et à partir du moment où l'homme se désaccoutume de l'alcool, ces autres parties du corps se révoltent alors d'autant plus en agissant sur la tête et c'est précisément la désaccoutumance qui provoque de plus belle le delirium tremens.

On peut donc dire que le sang de l'homme constitue le pendant physiologique des activités psychiques les plus importantes. Vous savez peut-être que certaines personnes souffrent du délire de persécution parce qu'elles voient toutes sortes d'apparitions qui n'existent pas. Dans les temps anciens notamment – et c'était un traitement tout à fait sain – on leur faisait une saignée. Il ne faut pas croire que tout le monde était autrefois aussi superstitieux qu'on le suppose aujourd'hui. La saignée ne remonte pas à la superstition. On leur faisait une saignée ; on appliquait notamment des sangsues quelque part sur leur peau et celles-ci leur retiraient du sang. Ceci diminuait l'activité sanguine. Ce n'est pas chez les ivrognes mais chez ceux qui présentaient d'autres types d'accès de folie que cela provoquait une diminution de l'activité sanguine. Leur état s'en trouvait alors amélioré.

Le système nerveux que je vous ai déjà mentionné est lui aussi extraordinairement apparenté à tout ce qui constitue les fondements physiologiques des propriétés psychiques de l'homme, mais en ce qui concerne précisément la volonté de l'homme, il revêt une moindre importance. Son importance est beaucoup plus grande pour ce qui est de l'entendement mais il est bien moins important que ne l'est le sang pour ce qui est de la volonté de l'homme.

Comme vous avez pu le constater, c'est au sang précisément que s'attaque si violemment l'alcool. La révolte ardente du corps luttant contre ce que l'alcool occasionne nous enseigne que le sang est très protégé. Le sang jouit d'une protection extraordinaire contre les attaques de l'alcool dans l'homme. Et nous devons nous demander à quoi est due cette si grande protection du sang dans l'homme face à ces attaques. Ceci nous amène à nous demander d'où proviennent finalement les composants les plus importants du sang.

Je vous rappelle que le sang est composé de globules rouges qui sont ferrugineux, qui baignent dans ce que l'on appelle le sérum sanguin et qu'il se compose aussi de globules blancs. Je vous ai dit que les composants les plus importants du sang sont les globules rouges et les globules blancs. Nous ne nous occuperons pas maintenant des globules qui sont liés à la fonction de la rate et que nous avons qualifiés de régulateurs lors de nos expériences à Stuttgart. En effet, le sang contient une grande variété de globules ; occupons-nous maintenant seulement des globules rouges et des globules blancs et demandons-nous où se situe au juste dans notre corps l'élaboration de ces globules sanguins. Eh bien, voyez-vous, ces globules sanguins sont élabores dans un lieu tout à fait particulier. Si vous vous représentez le fémur, qui va du bassin au genou, n'importe quel os, un os du bras, un os médullaire quelconque, vous verrez que cet os est rempli de ce que l'on appelle la mœlle osseuse. Il s'y trouve de la mœlle, la mœlle osseuse. Et voyez-vous. Messieurs, c'est dans cette mœlle osseuse que sont produits les globules rouges ainsi que les globules blancs avant de se diriger dans les vaisseaux sanguins. Le corps humain est ainsi constitué que c'est à l'intérieur des canaux médullaires qu'est formé le sang. C'est au fond ce dernier qui est le plus important en lui.

Vous pouvez vous dire face à une telle constitution que la façon dont est produit le sang assure à celui-ci une extraordinaire protection contre la destruction, car il faut en fait avoir consommé de l'alcool pendant très longtemps et d'une manière excessive avant qu'il ne détruise les os pour pouvoir y pénétrer jusqu'à en détruire la mœlle, dégrader la mœlle osseuse de manière à ce que la fabrication de globules rouges et de globules blancs cesse. C'est alors seulement à ce stade que la chose prend un tour funeste chez les consommateurs d'alcool qui en sont arrivés au point où l'action de l'alcool se fait ressentir jusque dans la mœlle osseuse.

Certes, sur le plan de l'entendement, des propriétés psychiques, les hommes sont souvent égaux, mais pour ce qui est de leur sang, ils diffèrent fortement selon leur sexe. Cette différence n'est pas consciente mais elle se fait très nettement jour. L'influence qu'exercent sur l'homme les globules sanguins fabriqués à l'intérieur des canaux médullaires, c'est-à-dire les globules rouges et les globules blancs, fait que les globules rouges sont plus importants chez les femmes tandis que les globules blancs le sont plus chez l'homme.

En effet, la femme est réglée toutes les quatre semaines, il s'agit essentiellement d'une activité de tri à laquelle se livre le corps humain, qui trie tout ce qui doit être éliminé en matière de globules rouges. L'homme n'est pas sujet aux menstrues et vous n'êtes pas sans savoir que l'aspect du sperme ne laisse pas spécialement présumer qu'il tire son origine du sang rouge. Il tire son origine des globules blancs. Ces derniers subissent de multiples modifications qui aboutissent toutefois à l'élaboration des composants principaux du sperme. En ce qui concerne la reproduction humaine, il nous faut donc remonter à la protection de la mœlle osseuse si nous envisageons d'étudier ce à quoi peut être due l'influence exercée sur la capacité de reproduction de l'homme sur un plan physiologique. C'est à la mœlle osseuse contenue dans les canaux médullaires que l'on doit de pouvoir exercer une influence de nature physiologique sur la capacité de reproduction de l'homme.

Une fois que les globules rouges et les globules blancs sont fabriqués dans les os, ils parviennent bien entendu dans le sang. Or chez une femme alcoolique ; ce sont alors tout particulièrement les globules rouges qui se trouvent atteints. Les globules rouges contiennent du fer, ils sont relativement lourds, ils sont empreints de la pesanteur de la terre. Chez une femme alcoolique, il s'ensuit que la pesanteur a trop d'impact en elle. Par conséquent, l'enfant d'une femme alcoolique, lorsqu'il est en train de se former reçoit trop de pesanteur, c'est-à-dire qu'il ne parvient pas à développer ses organes intérieurs comme il le faut. Le développement ne pouvant pas s'accomplir intérieurement, ses organes intérieurs ne sont pas normaux. Et c'est de cette manière. Messieurs, que s'exerce chez la femme l'influence nuisible de l'alcool.

Chez l'homme, c'est surtout sur les globules blancs que se porte l'influence de l'alcool. Et lorsqu'il y a fécondation sous l'influence de l'alcool ou en général sous l'influence d'un corps souillé par l'alcool, il y a une dégradation de la qualité du sperme du fait qu'il est rendu trop frétillant. Voyons comment se fait la fécondation : il y a ovulation dans l'organisme de la mère. À ce stade, seul le microscope permet de poursuivre la manière dont s'effectue la fécondation. L'ovule est donc libéré. L'homme sécrète quant à lui toute une multitude de spermatozoïdes ; tous sont pourvus d'une sorte de queue. Le liquide séminal contient d'innombrables spermatozoïdes. Et cette queue par laquelle ils se terminent, c'est un flagelle. En temps normal déjà, ce flagelle rend les spermatozoïdes terriblement frétillants. Ils font les mouvements les plus compliqués, et bien entendu, l'un d'entre eux finit pour rencontrer l'ovule. L'ovule accueille le premier arrivant. Il est beaucoup plus petit que l'ovule ; bien que l'on doive déjà avoir recours à un microscope pour distinguer l'ovule, le sperme est encore plus petit. L'ovule l'accueille. Et dès l'instant où il est accueilli par l'ovule, une membrane se forme autour de l'œuf et tous les autres spermatozoïdes qui lui succèdent se heurtent à cette membrane. L'accès n'est possible qu'à l'un seul d'entre eux. Car dès que l'un d'eux se trouve à l'intérieur, une membrane se forme autour de l'œuf et les autres doivent se retirer.

Vous voyez donc combien tout ceci est intelligemment constitué. Les spermatozoïdes sont déjà extrêmement frétillants de par leur constitution. Mais l'alcool les rend encore plus frétillants. Si bien que la fécondation intervient sous l'influence de l'extraordinaire mobilité de la semence mâle. Et la conséquence d'une telle fécondation est principalement l'atteinte du système neurosensoriel de l'être humain lorsque c'est le père qui est alcoolique. Ainsi, chez une mère alcoolique, l'enfant aura une lésion de ses organes intérieurs à cause de la pesanteur ; dans le cas où c'est le père qui est alcoolique, l'enfant est lésé dans son système nerveux. Toute l'activité nécessaire au développement de l'enfant est entravée.

En résumé : une mère alcoolique entraîne une lésion de ce qu'il y a de tellurique chez l'être humain, tandis qu'un père alcoolique entraîne une lésion dans tout ce qui touche au mouvement, à ce qui est aérien, à ce qui environne la terre et que l'être humain porte aussi en lui. Lorsque le père et la mère boivent, les lésions viennent de deux côtés. Dans ce cas, on ne peut plus vraiment parler de fécondation, c'est-à-dire qu'une fécondation est certes possible mais une chose s'avère impossible qui est la croissance normale du fœtus. Car d'un côté l'œuf veut se laisser aller à sa pesanteur, de l'autre, tout en lui est en excitation, l'un s'opposant à l'autre. Lors d'une fécondation où le père et la mère boivent, l'élément mâle s'oppose à l'élément femelle. C'est ainsi que celui qui comprend ce rapport dans son ensemble est conscient du préjudice énorme que subit le fœtus chez des alcooliques invétérés. Mais les gens considèrent cela comme non crédible parce que l'action de la consommation d'alcool n'est relativement pas manifeste. Mais ce fait tient seulement à la grande protection dont jouit le sang, voire à sa fabrication dans la mœlle osseuse ; les hommes doivent en effet aller très loin s'ils veulent avoir une forte influence sur leur descendance. Pour ce qui est de la faible influence, les gens ne se l'avouent tout simplement pas.

Chez un enfant qui naît hydrocéphale, on ne cherche généralement pas, n'est-ce pas à savoir si la fécondation a eu lieu justement une nuit après que la mère ai bu du vin rouge à l'occasion d'un dîner, alors que cela se révélerait si on le vérifiait parce que l'on assiste à un accroissement de l'action de la pesanteur. Ceci favorise chez l'enfant l'hydrocéphalie. Lorsqu'au contraire l'enfant naît avec des convulsions faciales, on ne cherche pas non plus à savoir si le père a abusé d'alcool la veille. Eh bien, on ne se penche pas sur ce que traduisent de petites choses, aimerais-je dire. Voilà la raison pour laquelle les gens croient qu'il n'y a pas d'influence. Elle est pourtant bien présente. Mais pour ce qui est des influences vraiment néfastes, seuls les alcooliques invétérés en sont à l'origine. Et pour ce qui est de leur cas, nous tombons de nouveau sur quelque chose de frappant, sur une chose tout à fait remarquable.

Voyez-vous, en présence par exemple d'un père alcoolique, il peut se révéler que ses enfants souffriront d'une faiblesse quelque part dans leur système nerveux, et qu'ils seront par exemple prédisposés à la tuberculose. Ce qui sera transmis à l'enfant ne sera pas forcément en rapport avec la consommation d'alcool du père. Il n'aura par exemple pas forcément des prédispositions à avoir des troubles cérébraux mais souffrira de tuberculose ou d'embarras gastriques, etc. Ce qu'il y a justement de sournois dans cette affaire, c'est que les actions nuisibles de l'alcool sont transmises chez l'être humain à des parties du corps tout à fait différentes.

À ce propos, il faut toujours tenir compte de la grande influence qu'exercent en général de petites quantités de substances sur le développement de l'être humain. Et qui plus est, il faut partout tenir compte de la façon dont ces substances entrent en contact avec l'homme. Réfléchissez par exemple à la chose suivante : nos os contiennent une quantité considérable de phosphate de calcium. Nous avons également du phosphore dans notre cerveau, et mes conférences précédentes vous ont appris que le phosphore était utile car, en réalité, sans phosphore il ne serait pas possible de mettre le cerveau au service du penser. Nous sommes donc porteurs de phosphore.

Je vous ai également dit un jour que le phosphore est bienfaisant lorsqu'il est absorbé en quantités adéquates en même temps que l'alimentation, afin que sa transformation se fasse partout avec une rapidité propre à l'homme. Lorsque l'estomac d'un être humain absorbe trop rapidement une quantité de phosphore, celui-ci n'est alors pas utile, il est nuisible.

Mais autre chose entre encore en ligne de compte. Vous savez que l'on fabriquait autrefois des allumettes à tête de phosphore ; on en voit moins aujourd'hui. Mais pour quelqu'un qui a eu l'occasion de voir une chose comme celle que j'ai vue lorsque j'étais gamin, il a pu constater ce qui suit : lorsque j'avais treize, quatorze, quinze ans, il me fallait chaque jour une heure pour me rendre de notre maison à l'école, et vers le milieu du parcours se trouvait une fabrique d'allumettes. Les ouvriers travaillaient à la fabrication d'allumettes, d'allumettes à tête de phosphore. Eh bien ! Messieurs, il pouvait vous arriver de voir qu'un certain nombre de ces ouvriers – cela se passait dans les années 1870 – se promenaient toujours avec des mâchoires rongées, qu'ils avaient donc des mâchoires rongées et que leur corps se minait à partir des maxillaires. Les os des mâchoires supérieure et inférieure, notamment celui de la mâchoire supérieure où cela commençait, étaient rongés.

Quiconque sait quelle influence néfaste peut avoir le phosphore sur l'être humain sera d'avis qu'une telle fabrique d'allumettes compte parmi les choses les plus meurtrières que l'on puisse avoir. Dans tous les développements qu'apporte la civilisation humaine, il est toujours nécessaire de regarder aussi l'importante part de préjudices auxquels peut être soumis l'être humain. Il y avait toujours un certain nombre d'ouvriers qui se rendaient dans cette fabrique d'allumettes les mâchoires bandées. C'est par là que cela commençait. Par la suite, n'est-ce pas, il y avait propagation. Bien entendu, le maxillaire supérieur contient déjà du phosphore. Mais quelle sorte de phosphore ? Voyez-vous, le phosphore qui dans un premier temps parvient à l'estomac par les aliments et qui parcourt ensuite un chemin intérieur pour se rendre dans les maxillaires n'est pas nuisible lorsqu'il n'est pas trop concentré. En revanche, voici comment sont fabriquées les allumettes : elles reçoivent tout d'abord la forme de longs bâtonnets, puis par l'intermédiaire de coupeuses, on en fait de petits bâtonnets. On les serre ensuite dans un cadre, en laissant seulement dépasser un petit bout que l'on commence par plonger dans un bain de soufre puis dans un bain de phosphore. Les ouvriers les tiennent simplement dans la main. Il se produit donc toujours des projections sur le cadre. Réfléchissez un peu au nombre de fois qu'un homme se passe la main au visage chaque jour, alors qu'il ne peut pas toujours se laver. Certes, les quantités de phosphore qui atteignent l'homme sont sans aucun doute infimes, mais celles-ci l'atteignent en agissant de l'extérieur et non cette fois-ci de l'intérieur. Et voilà le mystère de la nature humaine : des choses qui représentent souvent une utilité considérable pour l'être humain lorsque celui-ci les assimile de l'intérieur et qu'elles sont tout d'abord transformées par son corps, peuvent être le plus grand des poisons lorsqu'elles parviennent au corps de l'extérieur. Voyez-vous, l'intérieur de l'organisme humain est si sagement constitué qu'il élimine par les urines ou les matières fécales le surplus de phosphore. Il laisse seulement parvenir aux os la petite quantité indispensable. Il élimine ce qui est superflu.

Mais pour ce qui vient de l'extérieur, l'être humain ne se soucie pas de s'en débarrasser. Certes, il est possible de faire quelque chose pour l'aider. On pourrait par exemple déjà faire du bien, on pourrait déjà y remédier en mettant des bains chauds à la disposition des ouvriers, bains que chacun devrait prendre avant de partir – mais pensez donc au peu d'importance que l'on accordait à l'humanité dans les années soixante-dix ! De telles mesures auraient déjà eu de grands effets. Mais ce sont des choses qui ne viennent pas à l'esprit.

Eh bien, je voulais simplement vous montrer par cet exemple la façon dont est organisé l'être humain, à savoir que des nuisances infimes, des substances semblables à celles dont il a habituellement besoin pour sa constitution, des nuisances infimes provoquent chez l'être humain une détérioration de toute sa santé, voire de tout l'organisme de l'homme.

L'être humain a donc une grande capacité de résistance. Mais à un moment donné, l'organisme ne peut plus se défendre. Et dans le cas de l'alcoolisme, l'organisme ne peut plus se défendre à partir du moment où l'alcool entrave le déroulement normal de l'activité vitale, de l'activité vitale invisible.

Lorsque l'on expose l'être humain à un empoisonnement au phosphore, on sait que l'on mine l'activité intérieure qui habituellement transforme le phosphore ; elle est minée de l'extérieur. L'action de l'alcool est à vrai dire sensiblement pareille. Son action est la suivante : lorsque l'être humain boit trop d'alcool, et qu'il en boit de manière répétée à tel point qu'il ne s'agit pas d'une consommation d'alcool accidentelle mais chronique, comme on dit, il se produit que l'alcool agit en tant que tel dans l'homme.

Mais comment agit-il donc en tant que tel ? Eh bien, j'aimerais vous rappeler vous avoir déjà dit une fois que l'homme fabrique lui-même les quantités d'alcool dont il a besoin. Je vous ai dit que dans les substances contenues dans les intestins est toujours fabriquée une certaine quantité d'alcool par les aliments que nous absorbons ordinairement, parce que l'homme a besoin de ces petites quantités d'alcool. À quoi servent-elles ? Eh bien, il vous suffit de vous rappeler, si vous êtes déjà allés dans un laboratoire et y avez vu des préparations, que celles-ci baignent dans l'alcool pour ne pas pourrir. L'alcool préserve du pourrissement tout corps vivant. Quant à l'alcool qui est fabriqué dans l'être humain, il agit de la même façon dans l'organisme humain : il empêche le pourrissement de certaines substances dont l'homme a besoin. De par sa constitution même, l'être humain prescrit donc la quantité d'alcool qui lui est nécessaire car il a en lui certaines substances susceptibles de pourrir. Étant nécessaires au corps, elles doivent justement être conservées.

Mais qu'arrive-t-il lorsque l'être humain boit trop d'alcool ? L'organisme conserve alors trop de choses, il conserve et retient dans le corps ce qui devrait être éliminé ! Lorsque l'être humain expose de manière répétée à l'alcool le sang qui circule dans son corps, il conserve ce sang dans son corps. Et quelle en est la conséquence ? La conséquence en est que ce sang bouche les canaux médullaires parce qu'il exerce une contre-réaction. Son élimination par les pores et autres ne se fait pas assez rapidement. Il reste trop longtemps dans le corps. La mœlle qui se trouve dans les canaux médullaires se trouve alors trop peu stimulée pour la formation de sang nouveau, ce qui fait qu'elle s'affaiblit. Les alcooliques chroniques souffrent donc d'un affaiblissement progressif de la mœlle. Elle cesse alors de produire correctement les globules rouges chez la femme, les globules blancs chez l'homme.

Voyez-vous, il me faut toujours dire à de telles occasions : c'est certainement très bien d'imaginer des réformes sociales, comme par exemple la prohibition de l'alcool. Mais je veux dire la chose suivante : voyez-vous, même un savant homme comme le professeur Benedikt [50], dont je vous ai déjà raconté qu'il se faisait envoyer des crânes de criminels, ce à quoi les criminels hongrois avaient réagi en disant qu'ils ne voulaient pas que leur crâne soit envoyé à Vienne parce qu'ils ne pourraient plus reconstituer leur squelette le jour du Jugement dernier – cet homme a raison quand il dit : eh bien, les gens tiennent des propos contre l'alcool ; en réalité, un nombre beaucoup plus important de gens ont péri par l'eau ! Bien entendu, ceci est généralement vrai parce qu'une eau contaminée concerne une quantité bien plus grande de liquide ; statistiquement parlant, on peut naturellement dire qu'il est mort beaucoup plus de gens par l'eau que par l'alcool.

Mais autre chose entre en ligne de compte. Et j'aimerais vous faire part d'une image. Cette image est à rapprocher de l'action qu'a l'alcool. On la trouve dans une des nouvelles qui composent *Leberecht Hühnchen ;* je ne sais pas si vous la connaissez. Je pense à l'histoire du pauvre bougre, d'un pauvre diable qui n'avait d'argent que pour s'acheter un œuf : mais il fit preuve d'une grande imagination tout autour de cet œuf, et il pensa que si cet œuf ne s'était pas trouvé chez l'épicier, mais s'il avait été couvé, il en serait sorti une poule. Si je mange cet œuf, je mange en fait une poule toute entière. Ceci travailla son imagination : je suis au fond un homme très riche qui peut se payer une poule ! Mais son imagination n'était toujours pas satisfaite et il poursuivit. Il se dit : cette poule que je mange en ce moment aurait pu pondre tant d'œufs, qui auraient pu à leur tour donner naissance à des poulets ; et c'est tous ces poulets que je mange ! Finalement il se mit à compter combien de millions de poulets il y aurait eu. Il se dit alors : quel bon gueuleton en prévision, n'est-ce pas ? Voyez-vous, l'histoire n'est pas à prendre à la plaisanterie comme dans cette nouvelle mais au sérieux lorsqu'il s'agit d'alcool. Certes, si l'on fait une approche statistique de l'époque qui va, disons-nous, de 1870 à 1880 pour rechercher combien d'êtres humains ont péri par l'eau et combien ont péri par l'alcool sur terre, le poids de ceux qui ont péri par l'eau pèsera plus lourd dans la balance. À cette époque, les gens mourraient en plus grand nombre qu'aujourd'hui de la fièvre typhoïde et d'autres maladies ; la fièvre typhoïde est souvent causée par la contamination de l'eau. Eh bien, Messieurs, dire que beaucoup plus de gens ont péri par l'eau est un calcul facile.

Mais il faut raisonner autrement. Il faut savoir que l'alcool pénètre progressivement dans la mœlle osseuse et qu'il mine progressivement le sang. Étant donné qu'il dégrade par la suite la santé des descendants, toute la descendance a sa santé dégradée ! Si quelqu'un a par exemple trois enfants, tous les trois ne subiront qu'un préjudice infime ; mais la deuxième génération subira quant à elle de vraies séquelles. Et c'est ainsi que les préjudices causés par l'alcool poursuivent les hommes sur de longues périodes. Et l'on doit aujourd'hui une grande part de la faiblesse que recèle l'humanité au fait que nos ancêtres buvaient trop. Dans ce cas on est vraiment obligé de se représenter ce qui suit : soit un homme et une femme. L'homme est alcoolique ; il va en résulter un affaiblissement du corps chez les descendants. Mais pensez un peu à ce que cela signifie sur un siècle ou même sur plusieurs ! Il ne sert donc à rien de prendre simplement un laps de temps, comme par exemple la période qui va de 1870 à 1880 et de dire que l'eau fut la cause d'une mortalité plus importante que l'alcool. Il faut porter son regard au-delà d'espaces de temps limités. Et c'est une chose à laquelle les gens ne se livrent pas volontiers, si ce n'est sur le ton de la plaisanterie comme de conteur de *Lebe-recht Hühnchen,* qui couvrit de longues périodes pour pouvoir imaginer les gueuletons qu'il allait faire.

Bref, il faut avoir des pensées qui vont au-delà de tels espaces de temps si l'on prend l'aspect social du phénomène. Et pour ce qui me concerne, mon opinion est la suivante : il est bien possible de prohiber l'alcool, mais voyez-vous, cela donne alors lieu à des phénomènes curieux. Vous savez par exemple que dans des nombreuses contrées du monde, les gens en sont venus à limiter la vente d'alcool ou à la supprimer complètement ; mais je dois attirer votre attention sur un mal récemment intervenu : à savoir la consommation de cocaïne, en vue de se droguer. Par rapport à ce que représente la consommation de cocaïne, notamment pour ce qui est de la destruction des capacités humaines de reproduction, l'alcool vaut de l'or ! Celui qui consomme de la cocaïne ne la tiendra même pas pour responsable de cette destruction. Mais vous pourrez déjà voir à des symptômes extérieurs à quel point la consommation de cocaïne est plus néfaste que celle d'alcool. Lorsque quelqu'un est atteint du delirium tremens à cause de l'alcool, cela se manifeste par une sorte de délire de persécution. Il voit de toutes parts des souris qui le poursuivent.

Mais chez celui qui consomme de la cocaïne, des serpents sortent de toutes parts de son corps ! Lorsque celui qui consomme de la cocaïne s'observe, il constate tout d'abord un étourdissement – c'est agréable, c'est une sorte d'euphorie – mais au bout d'une longue consommation de cocaïne il se voit comme dans ce croquis : de son corps sortent de toutes parts des serpents, et il se

précipite alors sur la cocaïne pour que cesse la vision des serpents pendant une certaine durée. Car la crainte des serpents est encore plus forte que la crainte des souris dans le delirium tremens.

Il est donc tout à fait possible d'interdire toutes sortes de choses mais les hommes se mettent alors à inventer bien d'autres choses, qui ne sont généralement pas plus intelligentes mais pires. Et je crois dans ce cas que des informations sur l'action de l'alcool comme nous avons pu les donner par exemple aujourd'hui, peuvent vraiment avoir un impact beaucoup plus grand, précisément lorsqu'elles sont de nature à amener progressivement l'homme à abandonner de lui-même l'alcool. Vous n'entravez pas la liberté de l'homme mais vous déclenchez chez lui ce sentiment : c'est sinistre, je suis miné jusque dans mes os ! Cela agit sur le sentiment alors que les lois n'agissent que sur l'entendement. Les vérités authentiques, les connaissances authentiques sont celles qui agissent jusque sur le sentiment. Je suis par conséquent convaincu que des réformes sociales efficaces – cela vaut tout autant pour d'autres domaines – ne sont possibles que si l'on prend soin de divulguer de véritables informations.

Mais l'on ne peut donner des informations véritables que si l'on sait de quoi l'on parle. Car voyez-vous, si vous écoutez quelque part une conférence sur la nocivité de l'alcool – on ne vous en parlera pas comme je l'ai fait ici, bien que cela ne soit pas particulièrement difficile ; car les gens connaissent ces faits. La seule chose qu'ils ne sachent pas faire est d'y réfléchir convenablement. Car ces faits, ils les connaissent. Après avoir écouté une conférence tenue par un savant quelconque, ils en sortent le plus souvent décontenancés. S'ils sont particulièrement bon enfants, ils se diront : tant pis, on n'était pas du tout préparé à cela, on n'a pas compris ce qu'il a raconté. Ce savant doit savoir de quoi il parle. L'homme de la rue ne peut pas tout comprendre ! – La vérité est que le savant lui-même ne comprend pas ces choses. En présence d'une science qui va vraiment au fond des choses, il est bien entendu possible de mettre cela à la portée de tout le monde.

Si la science contemporaine est aussi irréelle, c'est justement parce qu'elle s'est développée au détriment de ce qui est vraiment humain. La carrière scientifique débute par le privatdocent, puis on devient professeur sans chaire et enfin professeur titulaire [51]. Les étudiants plaisantent en disant : un professeur titulaire ne sait rien d'extraordinaire et un professeur sans chaire ne connaît rien aux choses les plus ordinaires. Tel et le sentiment qu'en ont les étudiants. Ce développement de la science devient routine. Et en matière de réformes sociales, la science ne fait en fin de compte rien alors qu'elle pourrait agir très activement. Et c'est pour cette raison que celui qui agit honnêtement envers la vie sociale doit toujours avoir en mémoire que les lois sèches et stériles sont beaucoup moins importantes, bien entendu on en a aussi besoin, mais qu'elles sont beaucoup moins importantes que des informations de fond. Ces informations sont nécessaires.

Il est possible d'expliquer à tout le monde ce que l'on peut précisément observer dans le cas de l'alcool. Et on en arrive à ce que je répète toujours aux gens. Ceux-ci, n'est-ce pas, viennent et demandent : est-il préférable de boire de l'alcool ou vaut-il mieux ne pas en boire ? Vaut-il mieux être végétarien ou manger de la viande ? Je ne réponds généralement jamais s'il faut renoncer à l'alcool ou s'il faut en boire, s'il faut se nourrir de végétaux ou de viande, mais je réponds : l'alcool agit de telle et telle façon. Je fais simplement part de la façon dont il agit ; à eux de se décider entre boire et ne pas boire. Je me comporte également ainsi pour ce qui est des nourritures végétales et animales. Je dis : la viande agit ainsi, les plantes agissent ainsi. L'homme peut ainsi décider librement.

Voici l'attitude dont la science devrait faire preuve ; le respect de la liberté de l'homme. De façon à ne pas laisser apparaître le sentiment que l'on veut imposer ou interdire quelque chose à l'homme mais qu'on lui dit les faits. Lorsqu'il sait quelle est l'action de l'alcool, il en vient de lui-même à ce qui est bon. C'est ainsi que nous avançons. Nous en arrivons à ce que des hommes libres puissent eux-mêmes trouver leur chemin. Et c'est à cela que nous devons tendre. C'est alors seulement que nous en venons aux véritables réformes sociales.

La conférence suivante fait partie de
GA 348 *Santé et maladie* (EAR).

ACTION DE LA NICOTINE
NOURRITURE VÉGÉTALE ET ANIMALE

Dornach, le 13 janvier 1923

La première question concerne la nature des effets que peuvent avoir sur l'homme l'alimentation végétale ou animale ainsi que la consommation de nicotine.

R. Steiner : Nous allons maintenant tenter de cerner de près les questions qui ont été posées. La première suggestion portait sur l'influence de la nicotine, c'est-à-dire du poison que l'on introduit dans le corps humain, somme toute par le tabac. Voyez-vous, il faut tout d'abord savoir quel est le lieu d'action de la nicotine. L'action de la nicotine porte avant tout sur l'activité cardiaque, activité qui se trouve augmentée et renforcée par la nicotine. Cela signifie en réalité, le cœur n'étant pas une pompe, mais un indicateur de ce qui se déroule dans le corps – le cœur bat plus rapidement lorsque le sang circule plus rapidement – cela signifie que la nicotine agit en fait sur la circulation du sang et la rend plus intense. Il faut donc savoir que l'introduction de nicotine dans le corps humain intensifie la circulation sanguine. C'est cela qui augmente l'activité cardiaque.

Il faut toutefois étudier ce que signifient ces processus dans l'organisme humain. Il faut absolument que vous sachiez que tout ce qui se déroule dans l'organisme humain est soumis à des règles très strictes. On ne peut par exemple rien se représenter de plus important pour l'organisme humain qu'un pouls qui bat en moyenne à environ 72 pulsations minute, lorsqu'on le prend chez un homme relativement jeune et plus tard chez un homme âgé.

Parallèlement à cela l'homme – je vous l'ai déjà dit une fois – a environ 18 respirations, ceci vaut pour la minute. Si vous multipliez 18 par 4, vous obtenez 72. Cela signifie qu'en moyenne le flux sanguin parcourt le corps quatre fois plus vite que le flux respiratoire. Il ne s'agit bien entendu que d'une moyenne car chaque être humain présente des différences. Et c'est sur la différence de ce rapport que repose justement la différence qu'il y a entre les êtres humains. Pourtant il y a en moyenne un rapport de 1 à 4, c'est-à-dire une circulation sanguine quatre fois plus forte que le rythme respiratoire.

Deux raisons peuvent maintenant m'amener à introduire de la nicotine dans l'organisme humain : premièrement, le goût du tabac ; deuxièmement, je peux aussi l'introduire en tant que remède. Tout ce qui est d'un côté poison est aussi d'un autre côté remède. On pourrait dire que tout est à la fois poison et remède. Car il est évident que si vous buvez en une fois plusieurs seaux d'eau, l'eau agit comme poison, alors qu'une quantité appropriée en fera une nourriture et même un remède si on la donne en quantités singulièrement petites. L'eau présente de toute façon de grandes qualités de remède de par toutes ses possibilités d'utilisation. Même pour les substances les plus courantes, on peut donc dire que ce qui est poison peut être à la fois remède. C'est pour cette raison qu'il faut connaître l'action que peut avoir aussi sur l'organisme humain une telle matière, une telle substance.

Si je donne du tabac à l'organisme humain, le tabac stimule tout d'abord la circulation sanguine. Le sang s'anime, il circule plus vivement. En revanche, le tabac ne stimule pas la respiration dans la même mesure. Le flux respiratoire reste le même. Seulement, la circulation sanguine n'est alors plus en accord avec la respiration. L'homme qui introduit de la nicotine dans son corps devrait avoir une circulation sanguine autre que celle qu'il a normalement.

Supposons par exemple qu'un homme concorde précisément avec la moyenne – c'est unc supposition de notre part, à la vérité il n'y en a pas, mais supposons qu'il ait 18 respirations et 72 pulsations. Disons maintenant que la consommation de nicotine lui donne 76 pulsations. Le rapport qui existe entre les pulsations et les respirations n'est donc plus le bon. Il s'ensuit que le sang ne reçoit plus suffisamment d'oxygène, cependant qu'une certaine quantité d'oxygène devrait se combiner au sang. L'intoxication à la nicotine a donc pour conséquence que le sang veut absorber l'oxygène en trop grandes quantités, c'est-à-dire que le sang exige trop d'oxygène. La respiration n'apporte pas autant d'oxygène. C'est cela qui cause une très légère dyspnée. Bien entendu, elle est si légère qu'elle passe inaperçue en tant que telle, car je vous ai déjà dit que le corps humain avait généralement une grande capacité de résistance. Mais l'absorption de nicotine a toujours pour effet de provoquer une très légère dyspnée. Il faut savoir que cette légère dyspnée provoque un sentiment d'angoisse à chaque fois que l'on respire. Toute dyspnée provoque un sentiment d'angoisse. Lorsque quelque chose nous fait peur et que l'on se promène avec cette peur, on la maîtrise mieux que cette angoisse infime qui reste tout à fait inconsciente. C'est justement parce que des phénomènes comme la peur, la crainte ou la frayeur passent inaperçus que ce sont des causes de maladie.

Or, celui qui fume constamment est constamment exposé à cette cause de maladie sans qu'il s'en aperçoive, il porte toujours en lui une certaine angoisse. Vous savez bien que votre cœur se met à battre fort lorsque vous avez peur. Ceci vous amène à la conclusion que le cœur de celui qui s'intoxique constamment à la nicotine bat constamment un peu trop vite. Cependant, lorsqu'il va un peu trop vite, son volume augmente, exactement comme mon biceps, mon muscle du bras augmente de volume lorsque je lui fais constamment accomplir des efforts. Ce ne sera éventuellement pas bien grave pour le biceps s'il ne s'ensuit pas une déchirure des tissus intérieurs. Mais lorsque le muscle cardiaque – car c'est aussi un muscle – devient trop volumineux du fait de son activité, il exerce une pression de toutes parts sur les autres organes. Cela aboutit généralement à un dérèglement de la circulation sanguine à partir du cœur. Ce n'est pas le cœur qui fait circuler le sang, en revanche il peut en dérégler la circulation lorsque le sang rencontre un cœur augmenté de volume.

La conséquence indirecte d'une augmentation de volume du cœur est que désormais c'est aux reins de tomber malade compte tenu de la concordance qui existe entre les activités cardiaque et rénale et qui assure à son tour l'équilibre des fonctions vitales de l'homme. Le cœur et les reins doivent toujours concorder. Bien entendu, tout doit concorder dans l'homme mais il y a un lien immédiat entre le cœur et les reins. On remarque tout de suite que lorsque quelque chose ne va pas bien du côté cœur, les reins cessent à leur tour de bien fonctionner, l'élimination ne se fait plus normalement. Des matières inappropriées s'infiltrent alors dans les urines et il s'ensuit que l'homme adopte un rythme vital beaucoup trop rapide et qu'il s'épuise par conséquent extrêmement vite. Et c'est ainsi que périt lentement celui qui introduit dans son corps une quantité de nicotine trop élevée pour ses rapports physiologiques. C'est en fait par toutes sortes d'états d'angoisse intérieurs influant sur son cœur qu'il est progressivement conduit à sa perte.

Il est très facile de juger les états d'angoisse dans leur action sur les activités psychiques. On remarquera chez les gens qui introduisent trop de nicotine dans leur corps que cela entraîne progressivement des répercussions sur leurs capacités intellectuelles. Il y a des répercussions sur les capacités intellectuelles du fait que l'homme ne peut plus penser normalement lorsqu'il est angoissé pour une raison quelconque. Il est donc généralement possible de déceler chez un homme que celui-ci souffre d'une intoxication à la nicotine du fait que ses pensées ne sont pas tout à fait normales. Habituellement ces hommes-là ont des jugements trop rapides. Ils poussent parfois si loin cette manière de juger trop rapidement qu'ils en arrivent à avoir des pensées tenant du délire de persécution. On peut donc dire que la consommation de nicotine, lorsqu'elle répond à un plaisir, ruine la santé humaine.

N'oublions pas. Messieurs, de considérer aussi l'autre aspect de toutes ces choses. Le fait de fumer est apparu chez l'homme seulement au cours du développement de l'humanité, n'est-ce pas. À l'origine, les hommes ne fumaient pas. La consommation de tabac n'est apparue qu'au cours du temps. Or il faut considérer l'autre aspect des choses.

Supposez que l'homme souffre de ce que j'ai tout à l'heure décrit comme un manque. Il a seulement 68 pulsations au lieu d'en avoir 72. Supposez donc que l'homme dont la circulation sanguine n'est pas assez animée se mette maintenant à fumer. Eh bien, voyez-vous, il faut tout d'abord savoir que dans ce cas aussi la circulation sanguine est stimulée à la seule différence qu'elle passe de 68 à 72, elle est stimulée dans le bon sens de telle sorte que la respiration et la circulation du sang concordent désormais. Si quelqu'un se rend chez le médecin car il se sent malade, qu'il ne sait pas d'où cela vient et que le médecin remarque que la maladie provient d'une circulation sanguine trop faible, il pourra même lui conseiller de fumer.

Voyez-vous, je vous ai dit : lorsque la circulation sanguine est trop rapide par rapport à la respiration, on a alors affaire à des états d'angoisse terribles mais qui n'atteignent pas la conscience. En revanche, lorsque quelqu'un, pour une raison quelconque, a une circulation sanguine trop faible, cela s'exprime par le fait qu'il tourne et retourne à la recherche de quelque chose mais qu'il ne sait pas ce qu'il veut. C'est un symptôme pathologique caractéristique qu'il y ait des hommes qui tournent et retournent à la recherche de quelque chose mais qui ne savent pas ce qu'ils veulent. Pensez un peu au nombre de gens que l'on rencontre, qui tournent et retournent sans savoir ce qu'ils veulent ! C'est de ces gens que l'on dit qu'ils sont insatisfaits dans la vie. Ce sont ces gens, n'est-ce pas, qui entrent dans un travail quelconque sans que celui-ci leur convienne. Cela est dû à une circulation sanguine trop faible. Et quand on a affaire à une telle personne, on peut dire qu'il serait même bon de lui administrer un peu de nicotine, de la soigner à la nicotine. Et puisqu'elle éprouve du plaisir à fumer, il n'est même pas nécessaire de lui donner de la nicotine sous forme de remède, et on peut même aller jusqu'à lui conseiller de fumer, alors qu'il ne s'agissait pas d'un fumeur jusque là.

On constate effectivement aujourd'hui que le nombre de gens qui ne savent au fond pas ce qu'ils veulent est en constante augmentation. Et il n'est pas étonnant que les hommes ne sachent pas ce qu'ils veulent aujourd'hui, car la majorité des hommes n'ont en fait plus l'habitude d'avoir des préoccupations d'ordre spirituel, et ce depuis deux ou trois siècles. Ils se rendent à leur bureau, s'occupent de choses qu'en fin de compte ils n'aiment pas faire mais qui leur rapportent de l'argent. Ils font leurs heures de présence, peuvent même travailler consciencieusement, mais ils ne trouvent pas de véritable intérêt si ce n'est celui d'aller au théâtre et de lire des journaux. Je ne crois pas exagérer. La lecture de livres par exemple est aujourd'hui devenue très rare.

Mais tout cela tient au fait que les gens ne savent finalement pas ce qu'ils veulent. Il faut leur imposer ce qu'ils veulent. Et le fait d'aller au théâtre, de lire les journaux stimule certes les sens et l'entendement mais ne stimule pas le sang. Le problème est là : se concentrer à la lecture d'un livre difficile stimule le sang. Dès que l'on doit faire un effort pour comprendre quelque chose, il y a stimulation du sang. Mais c'est ce que les gens ne veulent plus aujourd'hui. Ils ne veulent pas faire d'effort pour comprendre quelque chose. C'est une chose qui leur répugne. Ils ne veulent rien comprendre ! Et du fait qu'ils ne veulent rien comprendre, leur sang épaissit. Le sang épais circule alors plus lentement et il en résulte qu'ils ont constamment besoin d'un remède pour mettre en mouvement ce sang qui ne cesse d'épaissir. Il se met en mouvement lorsqu'ils ont une cigarette au bec, une sèche ; mais cela ne le rend pas plus fluide ; en échange, la circulation sanguine est rendue plus difficile. Et il peut en résulter toutes sortes de symptômes pathologiques à un âge où cela ne devrait pas encore être.

Cela nous apprend à quel point le corps humain est subtil dans son activité. Un examen de sang n'est pas le seul procédé qui apprenne quelque chose, on apprend également quelque chose lorsque l'on examine la manière dont se comporte l'homme, si celui-ci pense lentement ou rapidement.

Vous voyez donc, Messieurs, que pour savoir quelque chose sur l'action de la nicotine, il faut avoir de bonnes connaissances sur la circulation sanguine ainsi que sur la respiration.

Rappelez-vous ce que je vous ai récemment dit en détail : le sang est lui-même fabriqué dans la mœlle osseuse ; c'est de là qu'il provient. Or le sang étant fabriqué dans la mœlle osseuse, si on le met trop en mouvement, la mœlle osseuse doit, elle aussi, travailler plus rapidement qu'elle le devrait. Il en résulte que les os sont dépassés dans leur travail et qu'il s'y forme des animaux, de ces petits animaux qui nous rongent au cours de notre vie. Certains médecins comme par exemple Metchnikoff[52] crurent que ces ostéophages, c'est ainsi qu'on les nomme, ces petits bonshommes étaient la cause de la mort. S'il n'y avait pas d'ostéophages, disait Metchnikoff, nous vivrions éternellement. Il pensait qu'ils nous dévoraient véritablement. Bref, le fait est que plus nous vieillissons, plus les ostéophages sont nombreux en nous. Il est donc bien vrai que les ostéophages rongent progressivement nos os. Mais d'un autre côté, c'est exactement comme lorsque l'on engraisse bien un champ : il y pousse plus de choses que sur un sol mal engraissé. Et le fait par exemple d'introduire dans le corps de la nicotine signifie que l'on rend les os mauvais pour nous, mais qu'on les rend tout à fait bons pour les ostéophages, pour ces mangeurs d'hommes, pour ces mangeurs d'os. Ce qui est mauvais pour les hommes est tout ce qu'il y a de meilleur pour ces petits animaux.

Il en va ainsi dans le monde. Celui qui veut penser confortablement pense que le monde est fait par un Dieu, et que par conséquent tout doit être bon. On pourrait y objecter : pourquoi ce Dieu laisse-t-il donc croître les ostéophages en même temps que les os ? S'il n'avait pas laissé croître ces ostéophages, nous ne nous ferions pas ronger au cours de notre vie ; nous pourrions alors traiter nos os tellement mal qu'ils finiraient par périr pour une toute autre cause ; quoi qu'il en soit, ils pourraient tenir pendant des siècles sans la présence de ces petits animaux.

Il ne profite à personne de se limiter à penser aussi confortablement. La seule chose qui soit profitable est de considérer de près les faits et de savoir que ces forces subtiles qui participent à l'ossification ont leurs ennemis, de savoir que la création de ces ennemis existe aussi. Ce sont précisément ces ostéophages que nous avons en nous par millions. Plus vous vieillissez, plus les ostéophages sont nombreux en vous. Même s'ils sont petits, vous avez toujours en vous des mangeurs d'hommes. Les grands mangeurs d'hommes ne sont pas les plus intelligents ; les plus intelligents sont ceux que nous portons en nous de cette manière et pour qui le terrain s'améliore effectivement à mesure que l'on introduit de la nicotine dans le corps.

Voyez-vous, ceci vous apprend qu'il est extrêmement important de comprendre à fond le fonctionnement de l'être humain avant de pouvoir décrire la façon dont agit dans son corps toute matière.

Poursuivons, l'homme mange régulièrement. Il mange des matières végétales et des matières animales. Je vous ai déjà dit une fois qu'il n'est absolument pas dans mon intention de plaider pour un régime alimentaire quelconque mais que je dis simplement comment agit ce régime. Et il est fréquemment arrivé que des végétariens viennent à moi pour me parler de leur tendance à perdre parfois légèrement connaissance etc., je leur disais alors : eh bien, cela provient du fait que vous ne mangez pas de viande. Il faut considérer les choses d'une manière tout à fait objective, n'est-ce pas. Il ne faut pas vouloir arriver à ses fins par la force. Mais que signifie « considérer d'une manière objective » pour ce qui est de la nourriture végétale et de la nourriture carnée ? Voyez-vous, Messieurs, considérez la plante. La plante parvient à développer son germe qui est enfoui dans la terre de manière à ce qu'il donne des feuilles vertes et des pétales de couleur. Et comparez une chose comme celle que vous tirez de la plante – soit par exemple vous cueillez directement des épis, ou bien vous cueillez un chou tout entier et en faites un plat cuisiné – faites en donc une comparaison avec la viande, avec la chair musculaire des animaux, la substance est tout à fait différente, n'est-ce pas ? Mais quel lien y a-t-il entre ces deux matières ?

Vous savez bien qu'il existe des animaux qui se comportent tout à fait en bons végétariens. Certains animaux ne mangent pas de viande. Prenons l'exemple de nos vaches, elles ne mangent pas la viande. Les chevaux eux non plus ne sont pas avides de viande, ils ne mangent que des végétaux. Or, il faut bien se rendre compte que l'animal ne se contente pas d'ingurgiter de la nourriture mais qu'il se débarrasse en permanence de ce qui se trouve dans son corps. Vous savez par exemple que les oiseaux muent. Ils perdent leurs plumes et doivent les remplacer par de nouvelles. Vous savez que les cerfs perdent leurs bois. Vous-mêmes, lorsque vous vous coupez les ongles, constatez ensuite qu'ils repoussent. Mais ce qui apparaît dans ce cas si visiblement se déroule constamment ! Nous éliminons constamment notre peau. Je vous l'ai déjà exposé antérieurement. Et en l'espace de sept à huit ans nous avons éliminé tout notre corps que nous avons remplacé par un corps neuf. C'est également le cas chez les animaux.

Arrêtons-nous un peu sur une vache ou un bœuf : eh bien, si vous le considérez quelques années plus tard, la chair qui est en lui est complètement changée. Cela est quelque peu différent chez le bœuf et chez l'homme ; la régénération se fait plus rapidement chez le bœuf. Sa chair est donc régénérée. Mais qu'y a-t-il à l'origine de cette chair ? C'est ce que vous devez vous demander. De pures matières végétales en sont à l'origine. Le bœuf a lui-même produit sa chair à partir de matières végétales. C'est la chose la plus importante qu'il faille relever. Le corps animal est donc capable de transformer des végétaux en chair.

Eh bien, Messieurs, vous pouvez faire cuire un chou aussi longtemps que vous le voulez, vous n'en tirerez pas de la viande. Vous n'arriverez pas à en tirer de la viande en le mettant dans votre poêle ou dans votre casserole, pas plus qu'il n'est possible de transformer en viande un gâteau que l'on prépare. Il n'y a donc pas de technique qui permette cela. Mais en somme, ce que l'on ne peut pas faire techniquement se fait dans le corps de l'animal. C'est tout simplement de la viande qui est produite dans le corps de l'animal. Mais les forces nécessaires à cette opération doivent d'abord se trouver dans le corps. Parmi toutes les forces techniques dont nous disposons, ils n'en est pas qui permettent de transformer des végétaux en viande. Nous n'en avons pas. Notre corps ainsi que le corps de l'animal contiennent donc des forces capables de transformer des substances végétales, des matières végétales en matières carnées.

Considérez maintenant une plante. En voici une (voir croquis). Elle se trouve encore dans un pré ou dans un champ. Jusqu'à présent les forces ont agi, elles ont fait pousser des feuilles vertes, des baies etc. Supposez maintenant qu'une vache mange cette plante. Une vache ou un bœuf qui mange cette plante la transformera en chair. Cela signifie que le bœuf possède des forces en lui qui lui permettent de transformer cette plante en chair.

Imaginez qu'il prenne au bœuf l'envie de se dire : j'en ai assez de me promener et de ne faire qu'arracher ces herbes. Un autre animal pourrait le faire pour moi. Je vais de ce pas manger cet animal ! Voyons, le bœuf se mettrait donc à manger de la viande ! Il est pourtant capable de fabriquer lui-même de la chair ! Il dispose de forces le lui permettant. Que se produirait-il donc si au lieu de végétaux le bœuf se mettait à manger de la viande ? Toutes les forces qui pourraient produire de la chair en lui se trouveraient donc désœuvrées. Prenez n'importe quelle fabrique devant produire une chose quelconque, et supposez que vous ne produisiez rien mais que vous mettiez toute la fabrique en marche – imaginez un peu le gaspillage de force qu'il pourrait y avoir. Une force considérable serait donc gaspillée. Or Messieurs, la force qui est gaspillée dans le corps de l'animal ne peut pas se dissiper comme ça. Le bœuf déborde de cette force ; elle fait en lui autre chose que transformer en matières carnées les matières végétales. Cette force demeure, elle est bien là. Elle agit autrement en lui. Et ce qu'elle fait produit en lui toutes sortes de déchets. Au lieu de chair, ce sont des substances nuisibles qui sont fabriquées. Le bœuf se remplirait donc de toutes les matières nuisibles possibles s'il se mettait soudain à être carnivore. Il se remplirait notamment d'acide urique et d'urate.

Or l'urate a quant à lui des habitudes particulières. Les habitudes particulières de l'urate sont d'avoir un faible pour le système nerveux et le cerveau. Si le bœuf mangeait directement de la viande, il en résulterait une sécrétion d'urate en énorme quantité, l'urate irait au cerveau et le bœuf deviendrait fou. Si nous pouvions faire l'expérience de nourrir tout un troupeaux de bœufs en leur donnant soudain des colombes, nous obtiendrions un troupeau de bœufs complètement fous. C'est ainsi que cela se présente. Malgré la douceur des colombes, les bœufs deviendraient fous.

Voyez-vous, une telle chose contredit bien entendu le matérialisme car si les bœufs ne mangeaient que des colombes, ils devraient devenir aussi doux que des colombes, si seule comptait l'action de la matière – s'il y a une chose qu'ils ne font pas, c'est bien celle-là, ils deviennent au contraire des êtres terriblement fougueux et enragés. Pensez seulement que les chevaux confirment déjà ce fait. Ils deviennent fougueux à la moindre quantité de viande qu'on leur donne ; ils s'excitent parce qu'ils ne sont pas habitués à la nourriture carnée.

Eh bien, Messieurs, cela n'est pas sans concerner l'homme. L'histoire nous apprend une chose fort intéressante à savoir qu'une partie de la population asiatique est strictement végétarienne. Ces gens-là sont en effet des êtres doux et peu bellicistes. C'est seulement à partir du Proche-Orient que l'on commença à manger de la viande, et c'est là aussi que commença la fureur belliciste. Cela s'explique par le fait que ceux parmi les peuples asiatiques qui ne mangent pas de viande emploient leurs forces à transformer les matières végétales en matière carnée, forces qui restent autrement inutilisées, inconscientes. Il en résulte que ces gens restent doux alors que les autres peuples ne le restent pas tout autant.

Or, n'est-ce pas, il faut savoir que ces hommes n'ont pu se livrer comme nous le faisons maintenant à ces réflexions qu'au fur et à mesure. Car lorsque les hommes commencèrent à manger de la viande, il n'était pas possible de se livrer à la réflexion tel que nous venons de le faire. Ils étaient guidés par le sentiment et par l'instinct.

Voyez-vous, le lion mange toujours de la viande ; il n'est pas végétarien. Le lion a des intestins très courts. Et ceux des animaux qui sont herbivores ont des intestins très longs. Leurs intestins sont très longs. On retrouve la même chose chez l'homme. Un homme issu d'une race ou d'un peuple quelconque où tous les ancêtres mangeaient de la viande a déjà des intestins plus courts. Ses intestins sont devenus trop courts pour une vie exclusivement végétarienne. Il faut alors que l'homme passe par tout ce qui le rend apte à conserver malgré tout sa santé s'il ne mange que des végétaux.

Certes, il est aujourd'hui tout à fait possible d'être végétarien. Et cela comporte beaucoup d'avantages. Plus précisément, ne manger que des végétaux et non de la viande est profitable dans la mesure où l'on se fatigue moins vite. On se fatigue moins vite de l'intérieur parce que l'on évite justement la sécrétion d'urate et d'acide urique. On se fatigue moins vite et on garde la tête plus claire, on pense par conséquent plus facilement, si jamais l'on pense. Pour celui qui ne peut pas penser, il n'est bien entendu pas profitable d'avoir une tête dégagée d'urate car il est indispensable, n'est-ce pas, que toute la complexion humaine soit en accord. Bref, il est possible à l'homme de se rendre végétarien s'il fait un effort sur lui-même. Il emploie alors des forces qui restent tout simplement inutilisées chez la plupart des hommes qui mangent aujourd'hui de la viande.

Voyez-vous, je veux attirer votre attention sur un phénomène curieux. Il s'agit de la chose qui suit. Si vous regardez aujourd'hui autour de vous dans le monde, vous vous apercevrez qu'il existe une maladie qui ruine rapidement la santé humaine ; il s'agit du diabète, le diabète sucre. On trouve tout d'abord du sucre dans les urines et l'être humain est bientôt sujet à une dégradation de son corps à cause d'une trop grande production de sucre. C'est une maladie fatale. Le sucre possède en même temps la propriété de conserver la force intérieure de l'homme lorsqu'il est correctement assimilé par l'organisme.

C'est également une chose que vous pouvez prouver statistiquement. On consomme en Russie moins de sucre qu'en Angleterre, et cela crée toute la différence qu'il y a entre le peuple russe et le peuple anglais. Les Anglais sont sûrs d'eux et égoïstes, les Russes sont délicats, d'autre part ils ne sont pas égoïstes mais ils sont délicats. Ceci est lié au fait que dans les aliments par exemple, on absorbe en Russie peu de sucre tandis qu'en Angleterre on en absorbe une grande quantité. Mais le corps humain a besoin pour son métabolisme d'une grande quantité de sucre. Nous avons besoin de notre squelette tout autant que de sucre pour tenir debout. En revanche, lorsqu'une trop grande quantité de sucre passe dans les urines, il en va trop peu au profit du corps et la santé se dégrade. C'est alors le diabète sucré.

Il se trouve que le diabète se déclare aujourd'hui plus fréquemment chez les juifs que chez les non-juifs. Certes, d'autres encore souffrent du diabète mais c'est aujourd'hui chez les juifs qu'on le rencontre le plus fréquemment. Ce peuple est en effet prédisposé au diabète. Le juif assimile assez difficilement le sucre tout en ayant besoin de lui. Le régime juif devrait par conséquent aller dans le sens de faciliter l'anabolisme glucidique et non d'éliminer tout de suite le sucre.

Si vous lisez l'Ancien Testament, vous y trouverez toutes sortes de préceptes diététiques que les restaurants des villes, qui portent l'inscription « kascher » respectent encore aujourd'hui. Vous devez connaître ces restaurants où est inscrit en hébreu « kascher » ? On y fait donc une cuisine kascher. On se tient pour cela aux vieux préceptes diététiques mosaïques [53]. Et si vous cherchez une explication à l'existence de ces restaurants, vous saurez que c'est parce que le juif doit suivre le plus possible un régime où il peut transformer le sucre, parce que ce peuple a du mal à transformer le sucre. L'interdiction de manger de la viande de porc notamment – le porc rend extrêmement difficile la transformation du sucre dans l'homme -visait à prévenir du diabète sucre. H faut également savoir faire une lecture médicale de l'Ancien Testament ; cela devient alors extrêmement intéressant. Il est extraordinairement intéressant de voir ce à quoi vise toute prohibition et la préparation kascher. Même regorgement fait selon le rite juif, ce mode particulier de tuer par exemple la volaille vise à laisser dans la viande la quantité de sang dont le juif a besoin pour avoir la préparation sucrée qu'il lui faut.

Vous savez certainement que les juifs respectent de moins en moins leurs préceptes diététiques tout en restant pourtant attachés à leur civilisation ; et ils le supportent mal parce que ce sont des préceptes ancrés dans leur civilisation. Et c'est pour cette raison qu'ils sont plus facilement sujets au diabète. En voilà la raison.

Il est donc justifié de dire que l'alimentation carnée entraîne manifestement chez l'homme la production de forces inutilisées qui se disposent alors à agir d'une manière non appropriée dans le corps humain en produisant en lui des ordures. Bien entendu, il existe aussi des moyens de se débarrasser de ces ordures. Mais à certains égards, ceci est une autre affaire. En effet, certaines choses, lorsqu'on les nomme par leur vrai nom, dévoilent toute leur absurdité. On rencontre des gens qui travaillent tout l'hiver comme bon leur semble mais qui se nourrissent aussi comme bon leur semble de manière à pousser tous les jours leur plaisir à manger jusqu'à en avoir un léger embarras gastrique qu'ils tiennent en bride à grand renfort de schnaps. Mais à peine avril ou mai arrivés, ils sont bons pour Carlsbad ou pour une quelque autre ville d'eaux. Car ils ont alors accumulé dans leur organisme, dans leur corps toute une quantité d'ordures et il s'agit à présent de trouver quelqu'un pour les vidanger. Il faut les vidanger. Ils se rendent donc à Carlsbad. Vous connaissez bien la façon dont agissent les eaux de Carlsbad ; elles donnent une diarrhée assez forte. La vidange est donc efficace. Ils procèdent donc à une vidange et aussitôt rentrée chez eux, ils peuvent recommencer. Mais cela les met généralement dans l'obligation de retourner chaque année à Carlsbad. En effet, s'ils sont empêchés de se rendre à Carlsbad, ils courent le risque de souffrir d'une chose comme le diabète, ou d'une maladie de ce genre.

Lorsque l'on dit dans les formes que quelqu'un va à Carlsbad, cela passe encore, n'est-ce pas. Mais en réalité, cela signifie que l'on embauche un vidangeur pour rétablir le corps. Et c'est bien ce qui se passe lorsque l'on boit l'eau de Carlsbad et lorsque l'on s'y baigne. Cela a donc pour effet de faire une vidange totale. On a ainsi la possibilité de recommencer pendant un certain temps.

Eh bien. Messieurs, on n'améliore évidemment pas la santé publique en utilisant ces méthodes. Car en dernier ressort, ce qui est écoulé sur les marchés répond au mode alimentaire de ceux qui se rendent à Carlsbad. Quant aux autres, ceux quine vont pas à Carlsbad, ils doivent aussi se nourrir. N'ayant pas les moyens d'aller à Carlsbad il n'y aura pas pour eux de vidange. Ils n'auront pas autre chose à manger. Il faut par conséquent commencer par la médecine pour mettre la vie sociale sur la bonne voie.

On pourrait naturellement dire encore beaucoup de choses à ce sujet ! Je vous dirai au fil du temps ce que j'ai dû oublier aujourd'hui.

Pour ce qui est de l'absinthe – permettez-moi d'ajouter ceci – son effet est sensiblement voisin de celui de l'alcool que l'on trouve par exemple dans le vin, la seule différence réside dans le fait que l'alcool ruine immédiatement la matière – le sommeil rétablit quelque peu l'équilibre – alors que l'absinthe ruine de surcroît le sommeil. Pour ce qui est de l'absinthe, l'effet est tel que l'on a la gueule de bois en dormant, et que cela entrave le sommeil. Et il faut dormir lorsque l'on boit de l'alcool. D'habitude on cuve son vin – l'expression le témoigne bien. L'action du sommeil est donc bénéfique lorsque l'on a consommé de l'alcool, il équilibre. L'absinthe est donc en ce sens plus nuisible que l'alcool ordinaire parce que cet équilibre ne joue pas, elle va ruiner le sommeil.

Il vous suffit d'observer que nos cheveux, par exemple, poussent plus rapidement lorsque nous dormons. Ceux qui par exemple se rasent savent qu'ils doivent tout de suite se raser lorsqu'ils dorment très longtemps. Ceci ne vous est-il pas arrivé ? (-Si !) Lorsque l'activité psychique est absente du corps, cela va alors très vite. Le sommeil a le rôle de stimuler dans le corps physique précisément les forces de croissance. Or l'absinthe agit jusque sur le sommeil. Les buveurs d'absinthe ne connaissent donc pas de rééquilibre pendant le sommeil. De sorte que même pendant le sommeil, le sang se dégrade. Il se produit une dégradation des globules rouges chez les femmes et des globules blancs chez les hommes.

À cela s'ajoute autre chose. Du fait qu'elle agit jusque sur le sommeil l'absinthe influence très fortement le cycle menstruel. Il y a donc des perturbations chez les femmes qui boivent de l'absinthe, mais encore plus chez les générations suivantes. La conséquence en est que l'ovulation qui devrait avoir lieu toutes les quatre semaines régulièrement intervient avec irrégularité.

L'essentiel de ce que l'on peut dire sur l'absinthe est donc que son action est semblable à celle de l'alcool ordinaire contenu dans le vin, la bière ou le schnaps mais qu'elle ruine en outre le sommeil.

La conférence suivante fait partie de
GA 312 *Médecine et science spirituelle* (EAR).

CONSIDÉRATIONS DIÉTÉTIQUES

Dornach, le 30 mars 1920,
Extrait de conférence[54]

L'homme porte en lui tous les règnes de la nature. En plus du règne humain dont il est le représentant, il est apparenté par sa genèse, par ses étapes évolutives à tous les autres règnes de la nature qu'il a en quelque sorte rejetés. Dans certains cas il reprend à la nature ce qu'il avait éliminé. Le fait qu'il s'agisse d'une reprise est particulièrement important.

Ce qui a été éliminé le plus tardivement doit aussi être réintégré le plus précocement dans le processus de guérison. Si nous faisons provisoirement abstraction du règne animal dont nous reparlerons, l'homme a éliminé le règne minéral proprement dit postérieurement au règne végétal ; nous devons en conséquence être conscients du caractère restrictif d'un rapprochement de l'homme du seul règne végétal. Le règne végétal reste néanmoins riche d'enseignements thérapeutiques parce qu'il guérit non seulement du fait de son caractère végétal mais grâce aussi à son contenu minéral. C'est pourquoi il nous instruit. N'oublions pas cependant que la plante élabore une partie de ce qu'elle emprunte au règne minéral et que ce qui a été élabore ainsi n'a plus des propriétés thérapeutiques aussi puissantes que ce qui ne l'a pas été. Ainsi la silice dont la plante a partiellement triomphé en l'incorporant au processus végétal n'est pas un remède aussi actif que celle

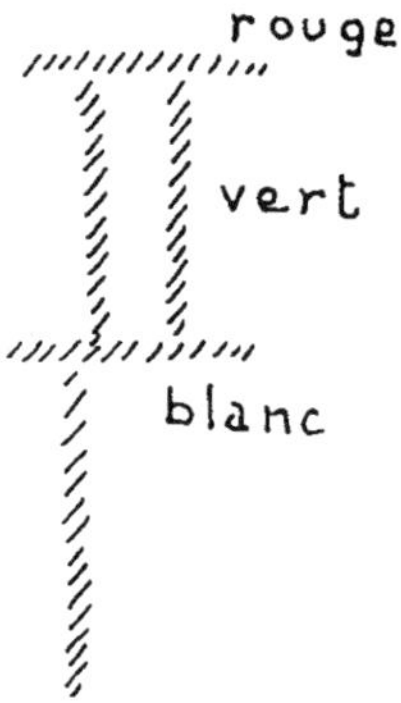

issue du minéral et qui exige de l'organisme un effort d'assimilation et d'intégration beaucoup plus important. Il faut insister sans cesse sur le fait que l'homme est contraint d'accroître sa propre force face à une force supérieure. C'est positivement une force plus importante dont il est obligé de triompher pour assimiler le minéral, pour en venir à bout, plus importante que pour assimiler simplement le végétal. C'est aussi ce qui caractérise la différence entre l'alimentation végétale et animale ; ceci, soit dit entre parenthèses, sans vouloir faire de propagande pour un régime quelconque ; je ne voudrais aucunement prendre parti mais tout simplement exposer les faits tels qu'ils sont. Si nous nous nourrissons exclusivement de végétaux nous somme obligés d'accomplir nous-mêmes tout le processus d'élaboration que l'animal prend à sa charge en élevant le végétal d'un degré. On pourrait dire : le processus accompli jusqu'à un certain point par la plante est poursuivi par l'animal de manière à s'achever ici (voir fig. p. 214, rouge) dans la plante il s'achève ici (blanc). Ainsi l'homme qui consomme de la viande n'accomplit pas ce processus qu'assume l'animal et s'en décharge sur ce dernier. Il ne développe donc pas les forces nécessaires à l'absorption des végétaux, absorption l'obligeant à effectuer lui-même cette partie du processus. L'organisme du végétarien fait ainsi appel en lui à des forces toutes différentes de celles du carnivore. Mais ces forces nécessaires à la transformation du végétal en animal existent en nous.

Inutilisées elles retournent vers l'organisme et s'y activent en y provoquant beaucoup de fatigue et de troubles. Ainsi un régime végétarien apporte un allégement notable de la fatigue et rend l'homme plus apte au travail, habitué qu'il est à faire appel à ces forces, forces dont il ne fait pas usage dans le régime carné et qu'il transforme alors en forces perturbatrices. Mais, je le répète, je ne fais pas de propagande. Je sais que des homéopathes m'ont objecté à bien des reprises que l'abstention de viande risquait de prédisposer à la phtisie, etc. Certes, tout est possible, mais ce que je vous ai exposé en toute objectivité est un fait ; on ne peut en discuter, c'est un fait. J'admets volontiers qu'il existe actuellement des organismes incapables de supporter une alimentation purement végétale et chez lesquels la viande est nécessaire. Ce sont là des problèmes individuels.

En insistant sur la nécessité d'envisager un rapport avec le règne minéral et ses forces dans le processus de guérison on est conduit, concernant précisément ce processus, vers quelque chose de différent. C'est un problème dont on s'est déjà occupé mais qui, je crois, ne peut trouver sa solution naturelle qu'à la lumière de la science spirituelle.

La question de la préparation des aliments, de leur consommation à l'état cru ou cuit est extrêmement importante pour le processus de guérison. J'insiste sur le fait que je ne veux en aucune manière prendre parti et je vous prie instamment de ne pas me considérer comme un agitateur dans ce domaine ; mais il est nécessaire d'examiner la question en toute objectivité. En cuisant préalablement ses aliments l'homme procède extérieurement à quelque chose que l'organisme est obligé d'accomplir lui-même lorsqu'il assimile des crudités. L'organisme se décharge par la cuisson de ce qu'il serait contraint de faire lui-même en consommant des crudités. Or, les humains, de par leur constitution sont reliés à la nature extérieure par leur périphérie ; par leur centre auquel appartient la digestion ils se distinguent au contraire de la nature, ils s'individualisent. On pourrait se représenter cela de manière suivante : par toute sa périphérie (voir fig. p. 214, vert) l'homme s'intègre à l'ensemble du cosmos. Il s'individualise au contraire par sa digestion et même par les processus de formation sanguins (rouge), ce tractus-là (rouge)

étant celui où les processus ne correspondent plus tout à fait à ceux de l'extérieur et certainement moins que là (vert) où il est totalement intégré aux processus extérieurs. Peut-être serai-je plus compréhensible en ajoutant ce qui suit : J'ai dit, ces jours derniers, que l'homme était intégré à l'ensemble du cosmos, que les régions dessinées ici en vert sont soumises à l'action des forces formatrices du plomb, de l'étain et du fer. Dans les régions dessinées en rouge ce sont les forces formatrices du cuivre, du mercure et de l'argent qui agissent. La compensation est assurée par l'or dont les forces sont localisées dans le cœur. Ainsi, de même qu'un doigt est partie intégrante de l'organisme global, l'homme doit être considéré comme un membre du cosmos. Voir l'homme ainsi, c'est le considérer comme une partie du monde, comme intégré à l'univers dans sa totalité. Et dans ce tractus-là (rouge) se trouve le paradoxe que représente cette individualisation propre à la digestion et que nous retrouvons aussi dans ce qui lui est polaire : dans la pensée, dans la vision. Là aussi l'homme s'individualise et se distingue du processus universel. C'est un fait que tout ce qui concerne la digestion chez l'homme se manifeste par un comportement particulier. Ces particularités se révèlent dans l'instinct le poussant à cuire ses aliments, à réintégrer ce qui a été directement tiré de la nature. Car l'homme serait – en moyenne au moins – bien trop faible pour assurer leur transformation directe. Je pourrais dire d'une manière un peu paradoxale que la nutrition serait un processus de guérison permanent si nous ne cuisions pas nos aliments. De par son apparentement plus marqué à l'environnement et de sa plus forte polarité, le fait de manger des aliments sans les cuire impliquerait forcement un processus continu de guérison. Ainsi la consommation de crudités est beaucoup plus un processus de guérison que celui de nutrition propre aux aliments cuits. C'est là, je crois, une proposition remarquablement importante que d'affirmer que l'alimentation crue s'apparente bien plus à une thérapeutique que la consommation d'aliments cuits. Le régime des crudités se rapproche plus de la thérapeutique que la nourriture cuite. Rappelons encore que l'action des aliments cuits est comme amputée et limitée à cette région que j'ai schématisée en rouge ; par contre ce qui a été introduit dans l'organisme à l'état cru – fruits, etc. – déborde de ce tractus en direction de la périphérie, se manifeste dans cette périphérie et contraint le sang d'y apporter ses forces nutritives. Vous pourrez vous convaincre de cela en essayant – et l'essai mérite d'être tenté – de prescrire pendant un certain temps un régime de crudités à un malade justiciable de la silice. Vous verrez alors l'effet de la silice s'accroître notablement. Ces effets périphériques de la silice consistant en structuration, en correction des déformations – bien entendu pas des déformations anatomiques grossières mais de celles qui sont encore physiologiques – ces effets thérapeutiques de la silice seront épaulés par l'apport de substances nutritives idoines. Ce sont là des faits sur lesquels je veux attirer votre attention au point de vue méthodologique car ils sont extraordinairement significatifs par leur démarche intellectuelle et parce qu'ils sont, il me semble, insuffisamment étudiés. Oui, on les étudie, mais de manière empirique sans en rechercher le caractère rationnel, et ce qui est ainsi constaté ne satisfait point l'esprit.

Dans tout ce qui précède il faut tenir compte avant tout du facteur individuel. C'est pourquoi je vous disais dans les conférences précédentes que peu de choses dans ce domaine peuvent être affirmées qui, en un certain sens, ne sauraient être contredites ; mais ces notions doivent être considérées comme des directives générales, même si dans le cas particulier on peut se dire : je ne dois pas conseiller un régime de crudités à ce malade, étant donné sa constitution je risquerais de provoquer ceci ou cela ; dans un tel cas je puis le faire, dans tel autre non. Ce qui a été caractérisé reste néanmoins vrai et permet un regard plus approfondi sur la constitution humaine. Car voyez-vous, il faut nettement distinguer ce qui est périphérique de ce que j'ai dessiné en rouge. L'homme s'intègre réellement à tout le cosmos par cette partie périphérique sur laquelle nous pouvons agir en lui administrant cet élément minéral qui lui est étranger. L'autre région, celle que j'ai dessinée en rouge, pourra être stimulée tout d'abord à l'aide d'un végétal mais aussi par tout ce qui a un caractère salin, par les carbonates. Les substances alcalines (voir fig. p. 214, jaune) assureront la compensation entre les deux. Carbonates – substances alcalines – silicates ou silice elle-même.

Ces considérations nous montrent la manière dont l'homme est apparenté à la nature qui l'environne. Voyez-vous, l'homme nous apparaît comme scindé en deux parties reliées par une région moyenne oscillant entre les extrêmes. Nous pouvons nous dire alors : cette contemplation de l'homme périphérique et de l'homme central individuel nous ouvre des aperçus profonds dans l'essence même de la nature. L'homme périphérique est apparenté à tout ce qui est extra-terrestre comme le montre l'effet du minéral en lui, de ce minéral réellement placé sous la dépendance des planètes et des constellations. En tant qu'individu, qu'être central il est apparenté à tout ce qui est terrestre. De par cette affinité pour le terrestre se révélant à travers son système digestif il est aussi cet être humain capable de penser, capable en somme de se développer en tant qu'homme.

Ainsi cette dualité de l'homme peut être envisagée comme formée de ce qui, en lui, est extra-terrestre ou cosmique et de ce qui est terrestre. Cette disposition se révèle nettement dans la polarité entre son organisation céphalique, reflet de la périphérie et son organisation digestive ainsi que je l'ai monté à diverses reprises. Ainsi, tout ce qui a trait à cette élimination au-delà de la digestion, apparentée elle-même à cette élimination dans le cerveau constituant le substrat de l'activité spirituelle, tout cela nous oriente vers le périphérique, vers le cosmique dans l'homme. Aussi paradoxal que cela nous semble, c'est néanmoins vrai. Par contre tout ce qui dans l'homme se rapporte aux processus liquidiens ou gazeux, à l'excrétion urinaire et sudorale, nous oriente vers l'homme terrestre, vers l'homme individuel. Cette divergence entre ces deux pôles de la nature humaine constitue un facteur très important.

NOTES

1 Ludwig Feuerbach, 1804-1872. Philosophe et l'un des pères de la conception matérialiste du monde.

2 Rudolf Steiner : *Agriculture, fondements spirituels de la méthode biodynamique.* Kobervitz du 7 au 16 juin 1924, GA 327 (EAR). Il est question de l'alimentation des animaux dans les 2e, 7e et 8e conférences.

3 La constitution quadruple de l'être humain est exposée principalement dans le livre de Rudolf Steiner : *Théosophie, introduction à la connaissance suprasensible de l'univers et à la destination de l'être humain* (T) (EAR).

4 Rudolf Steiner : *Agriculture,* fin de la 7e conférence où il est question des plantes et des animaux.

5 Ce sujet est également traité dans la conférence du 31 juillet 1924 faite aux ouvriers du Goetheanum, GA 354 (non traduit).

6 Rudolf Steiner : *Eléments d'ésotérisme,* GA 93a, conf. du 3 novembre 1905, Triades.

7 Plus tard, Rudolf Steiner traita ce thème encore plusieurs fois,,pare exemple devant les ouvriers du Goetheanum : voir *Santé et mal*adie, GA 348 EAR, et *Alimentation et santé,* EAR, conf. du 31.7. au 2. 8. 1924.

8 Ce texte reflète la transcription officielle de Mathilde Scholl, alors que Marie Steiner von Sivers avait retenu la formule suivante : ...ils éveillent en eux des forces *psychiques* de guérison...

9 Rudolf Steiner : *Chronique de l'Akasha,* chapitre : *Sortie de la Lune.*

[10] Rudolf Steiner : *Chronique de l'Akasha,* chapitre : *Début de l'actuelle planète Terre et sortie du Soleil.*

[11] Rudolf Steiner a traité ce sujet à plusieurs reprise, notamment dans les conférences de 1904 et 1905 en rapport avec la légende du Temple, GA 93, Novalis.

[12] Mt XVIII,3 ; XIX, 14 ; Lc, XVIII, 15 et 16.

[13] Rudolf Steiner : *Chronique de l'Akasha,* chapitre : *Nos ancêtres les Atlantes.*

[14] Un terme théosophique pour exprimer que toute évolution se fait par cycles, d'abord dans une descente, donc sur la courbe descendante du spirituel vers la matérialité, pour ensuite retourner sur la courbe ascendante de la matière vers le spirituel. Dans un cycle de conférences fait en automne 1904, en partie pour les mêmes auditeurs, il est dit dans la conférence faite à Berlin le 17 octobre 1904 : *«Les écrits théosophiques ont présenté certaines évolutions descendantes et ascendantes... Pendant la descente, l'évolution est ralentie; pendant la montée, elle va en accélérant. Cependant, cette évolution accélérée ne s'oriente pas selon tout le plan physique, mais selon les êtres individuels. » (Beiträge zur Rudolf Steiner Gesamtausgabe* – Contributions à l'édition des œuvres complètes de Rudolf Steiner –, n° 67/68, St Michel 1979, p. 35 ; prévu pour GA 89). Dans la conférence faite à Berlin le 27 janvier 1908 *L'intervention des forces spirituelles en l'homme*, GA 102, EAR, p. 45 s.), Rudolf Steiner donne encore l'explication suivante : *«... De sorte que si nous nous trouvons à un quelconque moment de notre évolution, nous pouvons toujours nous dire : en effet, certaines forces sont présentes en l'homme, qui entrent et sortent, des forces qui descendent et des forces qui montent. Pour chacune de*

ces forces viendra un moment où le mouvement descendant se transformera en mouvement ascendant. Toutes les forces qui deviennent ascendantes sont d'abord descendantes. Elles descendent pour ainsi dire jusque dans l'homme. C'est en l'homme quelles acquièrent la force de l'ascension. »

Ainsi la phrase : « Même si le corps est sur la courbe ascendante, les sens sont sur la courbe descendante» serait-elle à comprendre dans ce sens que le corps physique, en général, est sur la courbe ascendante, puisqu'il a dépassé le point le plus bas de sa matérialisation, alors que les sens se développent encore sur la courbe descendante, puisque deux sens sont encore en voie de devenir de véritables sens physiques.

15 Il s'agit de l'alchimie future, de nature spirituelle, et non de laboratoires analytiques et anorganiques de la chimie moderne.

16 Avec Saturne il s'agit de la race-mère polaire, première de l'évolution terrestre. La seconde est l'hyperboréenne. Voir : *Chronique de l'Akasha,* chapitre : *Les époques hyperboréenne et polaire.*

17 Voir la lettre de Rudolf Steiner adressée à Marie Steiner-von Sivers le 28 avril 1905, dans *Briefwechsel und Dokumente 1901- 1925* (Correspondance et documents 1901 –1905, GA 262.

18 Ferdinand Lasalle, 1825-1864, homme politique allemand, connaissant Proudhon et Karl Marx. Socialiste réformiste, fondateur de l'Association générale des travailleurs allemands. Karl Marx, 1818-1893.

19 Ernst Haeckel, 1834-1919, naturaliste allemand défenseur des thèses transformistes. Ouvrages prin-

cipaux : *Histoire de la création des êtres organisés d'après les lois naturelles,* 1868. *Les merveilles de la vie,* 1904.

20 *Les énigmes de l'univers* (1899), O. Reinwald, Paris, 1903. Voir, conférence du 5 octobre 1905, *« Heackel, die Welträtsel und die Anthroposophie »* (Les énigmes de l'univers et l'anthroposophie), GA 54.

21 P.A. Kropotkine, 1842-1921 : *L'entraide, un facteur d'évolution.*

M. Bakounine, 1814-1876, révolutionnaire russe.

A. Herzen, 1812-1870, représentant russe de la « gauche hégélienne ». Antitsariste.

22 Rudolf Steiner : *Science de l'occulte ; Initiation* (T) (EAR).

23 Les vrais éléments supérieurs de l'être humain : manas, buddhi, atma. Rudolf Steiner : *Théosophie* (T) (EAR).

24 23. Rudolf Steiner : *L'intervention des forces spirituelles en l'homme,* Berlin, 13 conférences du 6-1 au 11-6-1908, GA 102 ; *Science de l'occulte,* GA 13, *Médecine et science spirituelle,* GA 312 (EAR).

25 Rudolf Steiner : *Les guides spirituels de l'homme et de l'humanité,* GA 15 (EAR).

26 Rudolf Steiner : *Être humain, occultisme, théosophie et philosophie,* GA 137 (EAR).

27 Rudolf Steiner : *Du développement occulte de l'homme,* La Haye, 10 conférences du 20 au 29-3-1913, GA 145, 2e conférence (EAR).

28 Rudolf Steiner : *L'homme dans ses rapports avec les animaux et les esprits des éléments,* Dornach, 12

conférences du 13-10 au 11-11-1923, GA 230, 12e conférence (T).

29 Rudolf Steiner : Connaissance initiatique, Penmaenmawr, 13 conférences du 19 au 31-8-1923, GA 227, 5e conférence (T).

30 Rudolf Steiner : *Quatre imaginations cosmiques,* GA 229, 1e conférence (T).

31 Voir conférence suivante de cette collection (EAR).

32 Rudolf Steiner : *Le christianisme ésotérique et la direction spirituelle de l'humanité.* Villes différentes, 23 conférences 1911, 1912. GA 130, 1e conférence : *L'éthérisation du sang* (EAR).

33 Rudolf Steiner expose ici ce qu'il a développé lors de conférences faites à Penmaenmawr sur les processus de l'alimentation cosmique. Voir 5e conférence : *Connaissance initiatique* (T).

34 Cette phrase est capitale pour le contenu de ce volume.

35 Rudolf Steiner : *Les processus physiques et l'alimentation.* Dornach, 10 conférences du 2-8 au 30-9-1922, GA 347, 6e conférence : *Le processus de la nutrition, considéré sous l'angle physico-matériel et psychospirituel* (EAR).

36 Ci-après la conférence du 10-11-1923.

37 Rudolf Steiner : *Les entités spirituelles dans les corps célestes et dans les règnes de la nature.* Helsinki, 11 conférences du 3 au 14 avril 1912, GA 136 (EAR) ; *Science de l'occulte* (T) (EAR).

38 Rudolf Steiner : *Initiations antiques - Visions initiatiques modernes, histoire du monde à la lumière de l'anthroposophie...* Dornach, 9 conférences

du 24-12-1923 au 1-1-1924, GA 233 : 7e conférence (EAR).

39 Rudolf Steiner : *Bases de la pédagogie,* Dornach, 16 conférences du 23-12-1921 au 7-1-1922, GA 303 (EAR).

40 Rudolf Steiner : *Physiologie occulte,* GA 128 (EAR).

41 Rudolf Steiner – D'Ita Wegman : *Données de base pour un élargissement de l'art de guérir,* GA 27, chapitre VI et VII (T).

42 Procuste, brigand fabuleux de la Grèce antique. Il arrêtait les voyageurs et les forçait à s'allonger sur un de ses deux lits de dimensions différentes : les grands sur le petit, les petits sur le grand. Il coupait les pieds des grands et il tirait les membres des petits pour les mettre aux dimensions du lit.

43 Rudolf Steiner et Ita Wegman : *Données de base pour un élargissement de l'art de guérir,* GA 27, chapitre VIII : *Activités dans l'organisme humain ; le diabète sucré* (T).

44 Rudolf Steiner : *Science de l'occulte,* GA 13, chapitre : *L'évolution cosmique et l'être humain* (EAR).

45 Rudolf Steiner : *L'homme dans ses rapports avec les animaux et les esprits des éléments,* Dornach, 12 conférences du 19-10 au 11-11-1923, GA 230 ; conférence du 9-11-1923 (T).

46 Rudolf Steiner : *Goethe et sa conception du monde,* GA 6 (EAR). Goethe : *Métamorphose des plantes* (T).

47 Kamaloka : lieu des désirs. Voir : Théosophie, GA 9, chapitre : Les trois mondes. L'âme dans le monde des âmes après la mort (EAR).

48 Rudolf Steiner : *Les processus physiques et l'alimentation.* Dornach, 10 conférences du 2-8 au 30-9-1922, GA 347, 6e conférence : *Le processus de la nutrition, considéré sous l'angle physico-matériel et psycho-spirituel* (EAR).

49 Rudolf Steiner : *Santé et maladie, fondements d'une étude sur les sens,* Dornach, 18 conférences du 19-10-1922 au 10-2-1923, GA 348. 8e, 9e, 10e, 11e conférences (EAR).

50 Rudolf Steiner : *Santé et maladie,* GA 348, 5e conférence, 16-12-1922 (EAR).

51 Il s'agit d'un jeu de mots portant sur les adjectifs « ausserordentlich » qui signifie extraordinaire, et « ordentlich » qui signifie ordinaire. « Ausserordentlicher Professer » se traduit en français par professeur sans chaire, et « Ordentlicher Professer » par professeur titulaire. (Ndt.).

52 Élie Metchnikoff, 1845-1916 : zoologue, microbiologiste russe. Prix Nobel en 1908 de médecine pour la découverte de la phagocytose et ses recherches et écrits sur l'immunité : *Études sur la nature humaine* (1903).

53 Rudolf Steiner : *Le Moi, son origine spirituelle, son évolution, son environnement.* Berlin, 19 conférences du 19-10-1908 au 17-6-1909, GA 107, 9e conférence : *Nature et signification du Décalogue* (EAR).

54 Rudolf Steiner : *Médecine et science spirituelle,* Dornach, 20 conférences du 21-3 au 9-4-1920, GA 312 : 10e conférence (EAR).

Répertoire des œuvres écrites de Rudolf Steiner disponibles en langue française (GA = Gesamtausgabe : numéros de la bibliographie des œuvres complètes)

in 1 Introduction aux œuvres scientifiques de Goethe (1883-1897) partiellement publiées dans Goethe, Traité des couleurs. Goethe, La Métamorphose des plantes. (T)

2 Une Théorie de la connaissance chez Goethe (1886, EAR)

3 Vérité et science (1892, EAR)

4 La Philosophie de la liberté (1894, EAR)

5 Nietzsche, un homme en lutte contre son temps (1895, EAR)

6 Goethe et sa conception du monde (1897, EAR)

7 Mystique et anthroposophie (1902, EAR)

8 Le Christianisme et les Mystères antiques (1902, EAR)

9 Théosophie (1904, EAR)

10 L'Initiation ou comment acquérir des... (1904, EAR)

11 Chronique de l'Akasha (1904, EAR)

12 Les Degrés de la connaissance supérieure (1905, EAR)

13 La Science de l'occulte (1910, EAR)

14 Quatre Drames-Mystères (1910-1913, T)

15 Les Guides spirituels de l'homme et de... (1911, EAR)

16 Un Chemin vers la connaissance de soi (1912, EAR)

17 Le Seuil du monde spirituel (1913, EAR)

18 Les Énigmes de la philosophie (1914, EAR)

20 Aux sources de la pensée imaginative

21 Des Énigmes de l'âme (1917, EAR)

22 L'Esprit de Goethe (1918, EAR)

23 Au cœur de la question sociale (1919, EAR)

24 Articles sur la question sociale (1915-1921)

25 Les trois pas de l'anthroposophie (T)

26 Lignes directrices de l'anthroposophie (1924-1925, N)

in 25 Les trois pas de l'anthroposophie (T)

27 Données de base pour un élargissement de l'art de guérir… en collaboration avec le Dr Ita Wegman (1925, T)

28 Autobiographie (1923-1925, EAR)

in 30 Goethe, père d'une esthétique nouvelle (1888, T avec GA 271)

in 31 Morale et liberté, textes sur l'esthétique 1886-1900 (T)

34 Lucifer – Gnosis, articles fondamentaux (1903, EAR)

35 Philosophie et Anthroposophie (1904-1917, EAR)

35 La démarche de l'investigation spirituelle (1914-1918, EAR)

in 35 Les Noces chymiques de Christian Rose-Croix (1917, EAR)

in 40 Le Calendrier de l'âme (1912), édition bilingue (EAR)

in 40 Douze harmonies zodiacales (1915), édition bilingue (T)

45 Anthroposophie, un fragment (T)

(EAR): Éditions Anthroposophiques Romandes, Yverdon-les-B.

(T) : Éditions Triades, Laboissière-en-Thelle

(N) : Éditions Novalis, Montesson.

Aux Éditions Anthroposophiques Romandes :
Ouvrages de R. Steiner

le numéro du tome dans l'œuvre complète est entre parenthèses

Agriculture, fondement spirituel de l'agriculture bio-dynamique (327)
Alimentation et développement spirituel
Alimentation et santé
Antagonisme dans le développement de l'humanité (197)
Anthroposophie, l'homme et sa recherche spirituelle (234)
Anthroposophie, Psychosophie, Pneumatosophie (115)
Anthroposophie, une cosmosophie vol. 1 et 2 (207/208)
Apparition du Christ dans le monde éthérique (118)
Apocalypse et action pastorale (346)
Arrière-plans spirituels de la 1ère Guerre mondiale (174b)
Arrière-plans spirituels de l'histoire contemporaine (171)
Art à la lumière de la sagesse des mystères (275)
Art de guérir approfondi par la méditation (L') (316)
Art éducatif (L') (304a)
Aspects intérieurs de l'énigme sociale (193)
Aspects spirituels de l'Europe du Nord et de la Russie (158)
Aspiration spirituelle de l'homme (212)
Aux origines de l'eurythmie (277a)
Avenir de l'âme (L') (183)
Bases de la pédagogie, cours aux éducateurs et enseignants (303)
Bases occultes de la Bhagavad Gita. (Les) (146)
Bhagavad Gita et les lettres de St Paul (142)
Calendrier de l'âme, bilingue (Le) (40)
Centres initiatiques, sur le chemin des secrets de l'univers (232)
Chaleur et Matière, 3e cours de physique (321)
Christian Rose-Croix et sa mission (141…)
Christianisme ésotérique et la direction spirituelle de l'humanité (130)
Chute et Renaissance spirituelles (220)
Comment retrouver le Christ ? (187)
Congrès de Noël (260)
Connaissances des couleurs (291a)
Connaissance du Christ (100)
Connaissance spirituelle. Sentiment religieux. Action cultuelle. (343)
Connaissance, logique, pensée pratique (52,108,57)
Contenus des leçons ésotériques 1904 – 1909 transcriptions de participants (266/I)
Contenus des leçons ésotériques 1910 – 1912 transcriptions de participants (266/II)
Contenus des leçons ésotériques 1913 – 1923 transcriptions de participants (266/III)
Cosmos spirituel et organisme humain (218)
Cours aux acteurs – Art de la parole et art dramatique (282)
Création du monde et de l'homme – Vie terrestre et action stellaire (354)
Culture pratique de la pensée, nervosité et le Moi, tempéraments (108,143)
Destin des hommes et destin des peuples (157)
Développement occulte de l'homme (Du) (145)

Autres auteurs édités aux EAR :

Compléments à l'agriculture biodynamique, fièvre aphteuse (E.Kolisko)
Couleur, une étude (Liane Collot d'Herbois)
Dictionnaire de Christologie (M. Nouvel)
École de science de l'esprit (Goetheanum)
Enfant, son développement, ses maladies (L') (Glöckler, Goebel)
Enseignement ésot. de Rudolf Steiner et la Franc-maçonnerie (H. Wiesberger)
Étapes de la méditation (Les) (A. Floride)
Eurythmie, éléments de base (Annemarie Dubach)
Eurythmie thérapeutique (Dr.M.Kirchner-Bockholt)
Évolution de la musique et de la conscience (H.Ruland)
Génétique et Réalité, clonage, manipulations (G.Holdrege)
Gœtheanum, l'impulsion de Rudolf Steiner (Le) (H.Biesantz)
Histoires d'animaux (J.Streit)
Idée et pratique spirituelle aujourd'hui (Bodo v. Plato et Robin Schmidt)
Légendes de l'enfance, La naissance et l'enfance de Jésus (J.Streit)
Lumière, ténèbres et couleurs, Thérapie par la …(L.Collot-d'Herbois)
Les fêtes du cours de l'année – manuel (E.Blanchon)
Manuel familial de médecine anthroposophique (J. Hériard Dubreuil)
Marie Steiner de Sivers, Une vie au service de l'anthrop.(H.Wiesberger)
Métamorphose de la Suisse (Branche N. De Flüe)
Noces chymiques de Christian Rose-Croix (Les) (Andreae-Steiner)
Nombres et leurs fondements spirituels (Les) (E.Bindel)
Parzival (Wolfram d'Eschenbach)
Quête du Graal et la réalité historique (La) (W.Greub)
Réincarnation dans la vie quotidienne (P.Archiati)
Rencontres humaines et le karma (Les) (A.Floride)
Rêves, origine et compréhension (Les) (J.W.Schneider)
Rudolf Steiner, Récit d'une collaboratrice (A.Samweber)
Science terrestre et connaissance céleste (221)
Société anthroposophique et la première classe (J.Hériard Dubreuil)
Sociothérapie : aspect pratique et source spirituelle (G.Ducommun)
Souvenirs : R. Steiner et l'université populaire de Berlin (J.Mücke)
Techniques de concentration intérieure (M. Scaligero)
Triompher du racisme par la science spirituelle (P.Archiati)
Une introduction à l'anthroposophie (J.Hériard Dubreuil)
Une solution sociale (P.Dérobert)
Vie sensorielle et imagination. Sources de l'art (T.Göbel)
Vivons-nous les commencements de l'ère des poissons ? (C.Lazaridès)

Aux Éditions TRIADES

Ouvrages de Rudolf Steiner :

le numéro du tome dans l'œuvre complète est entre parenthèses

Âme animale
Âmes des peuples (121)
Amours humaines amours cosmiques
Anthroposophie et avenir
Anthroposophie et le premier Goetheanum
Anthroposophie et psychanalyse
Apocalypse de Jean (104)
Approche de l'anthroposophie
Art, sa nature, sa mission
Avenir sera-t-il social ? (L')
Bases spirituelles de l'éducation (305)
Cherchez un chemin vers l'esprit
Christ et l'âme humaine (Le) (155)
Christ et le monde spirituel (Le) (149)
Chute des esprits des ténèbres (177)
Ciel, enfer, problème du mal
Cinquième Évangile (Le) (148)
Combat intérieur (in 223)
Communion spirituelle
Connaissance de l'homme (316)
Connaissance initiatique (227)
Danger d'un occultisme matérialiste (254)
De Jésus au Christ (131)
Derrière le voile des événements (178)
Destinée, karma et moi
Deux voies de clairvoyance
Dionysos et la conscience du moi (129)
Données de base pour un élargissement de l'art de guérir (27)…
Douze harmonies zodiacales
Éducation de l'enfant à la lumière de la science spirituelle
Entretien sur les abeilles, Abeilles, fourmis et guêpes (in351)
Éternel féminin et masculin
Être humain dans l'ordre social
Évangile de Jean dans ses rapports avec les trois autres (112)
Évangile selon Jean (103)
Évangile selon Luc (114)
Évangile selon Marc (139)
Évangile selon Matthieu (123)
Goethe, père d'une esthétique
Hiérarchies spirituelles (110)
Homme entre Lucifer et Ahriman (in 158)
Homme dans ses rapports avec les animaux et (230)
Impulsion du Christ (116)

Autres auteurs édités chez Triades :

Conscience est-elle malade (La) (Georg Kühlewind)
Dê Danaan, création de la Terre (Les) (Ella Young)
De la relation à Rudolf Steiner (Sergei Prokofieff)
Démarche scientifique de Goethe (H. Bortoft)
Détermination du mal (A. Steffen)
Devenir humain (Christine Gruwez)
Double (Le) (E. Schuré)
Douze sens (A. Soesmann)
Dynamique de la schizophrénie (R. Treichler)
Dyslexie, handicap ou talent ? (Cornelia Jantzen)
Dyslexie, hyperactifs, surdouées (G.Kühlewind)
Écologie spirituelle, textes de R.Steiner choisis par (Matthew Barton)
Enfant en devenir (M. Kranich)
Enfant en mouvement (S. Bardt)
Enfants étoiles (G. Kühlewind)
Entre stress et ennui (Olaf Koob)
ESB, cette folie a-t-elle un sens ? (Fuchs/Hiss)
Esprit des nombres (L') Wolfgang Held
Évolution, hérédité, descendance (H. Poppelbaum)
Expérience du « je suis » (Georg Kühlewind)
Fêtes et le petit enfant tome 2 (F. Jaffke)
Fraternité, Égalité, Liberté (H. Nouyrit)
Géographie sacrée devenir cocréateur … (Marko Pogacnik)
Géométrie projective et la découverte de l'infini (La) (R. Burlotte)
Guide pratique de la méthode bio-dynamique
Homme et son corps (M. Kranich)
Homme et les plantes médicinales tomes 1,2, 3 (Pélikan)
Innatalité, le chemin vers la naissance (P. Selg)
Jouets à faire soi-même (F. Jaffke)
Kaspar Hauser ou le combat de l'esprit (P.Tradowsky)
Langage et poésie (B. Montifroy)
Légende de Bouddha (P. et M Erny)
Légende de Zarathoustra (P. Erny)
Le « Je » noyau de la résistance (P. Tradovsky)
Le noyau spirituel de l'école Waldorf (P. Selg)
Le règne végétal et la plante primordiale de Goethe (E.M. Kranich)
Lumière dans les ténèbres (Jacques Lusseyran)
L'argent et le karma (Bernard Steiner)
Maladie et découverte du Christ (Peter Selg)
Manade du Centaure (Louise Perrot)
Médecine à l'image de l'homme tomes 1,2,3 (Husemann/Wolff)
Médecine anthroposophique (V. Bott)
Médecine de l'avenir (W. Holzapfel)
Médecine intuitive (V. Fintelmann)
Méditation (J.Smidt)
Méditation une recherche contemporaine (La) (Arthur Zajonc)

Métamorphose des plantes (Goethe)
Mieux comprendre l'eau (Wilkens, Jakobi, Schwenk)
Migraine (Andreas Rivoir)
Mon enfant, sa santé (W. zur Linden)
Monde éthérique (Adam/Marti/Smit)
Mort, résurrection de l'esprit (La) (O.J. Hartmann)
Mouvement et Massage (S. Pressel)
Nains (Les)
Observer et comprendre les arbres ... (E. M.Kranich
Pardon (Le) (S.O. Prokofieff)
Petit guide du jardin bio-dynamique (E. Pfeiffer, E. Riese)
Plante et cosmos (Michael Kranich)
Pour éduquer l'enfant, connaître l'homme (G. Hartmann)
Pourquoi les enfants n'écoutent pas (Monika Kiel-Hinrichsen)
Pourquoi tous faire pareil ? (Eric Arlin)
Présence du Logos (G. Kühlewind)
Prêtresse d'Isis (La) (E. Schuré)
Problème des 2 enfants Jésus (H. Krause-Zimmer)
Psychiatrie ou anti-psychiatrie (R. Treichler)
Psychopathologie et vie quotidienne (Markus Treichler)
Quand les ténèbres masquent le lumière (Peter Tradovsky)
Radioactivité (G. Blattmann)
Récits de mythologie celtique (E. Young)
Réincarnation et l'Occident tomes 1 et 2 (Jean-Marie Détré)
Réincarnation (La) (Günther Wachsmuth)
Rencontre avec l'islam (Bruno Sandkühler)
Royaume de Dieu (Georg Kühlewind)
Rudolf Steiner et les conférences sur le 5e Évangile (Peter Selg)
Rudolf Steiner à propos du suicide (Maria v. Nagy)
Rudolf Steiner, sa vie son œuvre (J. Hemleben)
Sagesse cachée des contes de Grimm (La) (M. Kraneburg)
Secret de l'Angevin (F. Guérin)
Technique du mal : le nazisme (Ch. Lindenberg)
Tendances évolutives et destin (H. Holzapfel)
Traité des couleurs (Goethe)
Volonté douce (Georg Kühlewind)